中国独居老人生存状况分析及对策

张泽滈　唐　敏　著

ANALYSIS AND SUGGESTIONS OF LIVING CONDITIONS OF ELDERLY PEOPLE LIVING ALONE IN CHINA

知识产权出版社
全国百佳图书出版单位
—北京—

图书在版编目（CIP）数据

中国独居老人生存状况分析及对策/张泽滈，唐敏著．—北京：知识产权出版社，2023.11

ISBN 978－7－5130－9077－3

Ⅰ.①中…　Ⅱ.①张…②唐…　Ⅲ.①社区—老人问题—研究—中国　Ⅳ.①D669.6

中国国家版本馆CIP数据核字（2023）第233122号

责任编辑：杨　易　　**责任校对**：谷　洋

封面设计：乾达文化　　**责任印制**：孙婷婷

中国独居老人生存状况分析及对策

张泽滈　唐　敏　著

出版发行：知识产权出版社有限责任公司　网　址：http：//www.ipph.cn

社　址：北京市海淀区气象路50号院　邮　编：100081

责编电话：010－82000860转8789　责编邮箱：35589131@qq.com

发行电话：010－82000860转8101/8102　发行传真：010－82000893/82005070/82000270

印　刷：北京建宏印刷有限公司　经　销：新华书店、各大网上书店及相关专业书店

开　本：720mm×1000mm　1/16　印　张：10

版　次：2023年11月第1版　印　次：2023年11月第1次印刷

字　数：130千字　定　价：59.00元

ISBN 978－7－5130－9077－3

前　言

随着中国进入老龄化社会，60 岁以上老年人的数量迅速增加。同时，家庭结构小型化态势加剧，独居老年人数量占比不断增加，对社会化、专业化照顾与护理的服务需求呈现快速发展趋势。独居老人对美好生活的需要也日益增长，独居老人养老服务需求在“量的增长”的同时伴随着“质的需要”。但目前我国独居老人的针对性养老服务配套政策尚少，服务供给仍停留在政策导向与呼吁阶段。独居老人面临供需失衡的结构性矛盾，亟须多主体协力解决独居老人养老服务有效供给问题，保障独居老人拥有幸福的晚年。本书利用陕西省三市一手调研数据，综合分析独居老年人群体养老需求及影响因素。在需求分析的基础上，提出了独居老人养老服务有效供给的现实对策与长远规划。基于陕西省延安、宝鸡、汉中三市的田野调查，对独居老人养老服务需求进行了深入的研究，并基于需求分析提出独居老人养老服务有效供给的可行路径。

本书为探究独居老人养老服务有效需求和在需求导向下的养老服务有效供给提供了数据支持和验证思路，为提高养老服务资源配置、促进养老服务高质量发展提供了建议。中国养老服务正处于快速推广与发展时期，需求具有动态化的特征，服务内容也必将进一步发展。本书一手数据来源为陕西省独居老人。全国独居老人生存状况、养老服务需求如何，不同区域之间独居老人需求是否有明显差异等，仍然需要进一步讨论。

本书是西安交通大学张泽滈、唐敏老师共同合作的成果。全书共七章，张泽滈撰写了第一章至第四章，唐敏撰写了第五章至第七章。全书由张泽滈负责统稿。此外，在实地调查、收集资料的过程中，感谢王馨婷、马雨晨、况美霖、张慧惠同学做出的贡献。由于作者水平所限，书中难免存在不足之处，敬请读者提出宝贵的意见和建议。

中国养老服务体系仍处于发展过程中，希望本书的研究能为独居老人生活质量提升、中国养老服务高质量发展贡献微薄之力！

作者

目　　录

1 绪 论

1.1 现实背景

1.1.1 独居老人生活质量亟待关注

自2000年起，我国正式步入老龄社会。随着老龄化进程的加快，呈现出老龄人口基数大、增长快、特殊老年群体情况复杂的特征。据最新全国人口普查数据统计，我国老年人占比超过18%，预计2050年将超过30%。提高老年群体的获得感与幸福感，是积极老龄化战略的重要目标。当前，老龄事业迈上新的台阶，推进养老服务多层次、高质量发展成为我国积极应对人口老龄化挑战的重要政策部署。日前，国务院印发《“十四五”国家老龄事业发展和养老服务体系规划》进一步强调，各地要根据财政承受能力，针对经济困难老年群体提供服务。其中，独居老人作为经济困难老年人中的重要组成人群，亟须从制度层面帮助其摆脱养老困境。但目前，我国各地针对独居老人的特殊养老政策安排不足，多层次养老保障体系尚未形成，服务供给仍处于政策导向与呼吁阶段。独居老人养老服务供给问题已经成为推进我国养老服务多层次、高质量发展路上无法忽视的关键内容。

陕西省作为老龄化程度与人口流失率双高大省，独居老人养老现状亟待关注。截至2021年，陕西省60岁及以上人口为759.12万人，占陕西总人口的19.2%，比全国（18.7%）高0.5

个百分点。65 岁以上人口为 526.66 万人，占 13.3%，比全国（13.5%）低 0.2 个百分点，其中独居、空巢老人数量超过 50%。随着数量占比增长，独居老人群体养老服务需求数量随之增加。与此同时，独居老人对美好生活的需要也日益增长，独居老人养老服务需求在“量的增长”的同时伴随着“质的需要”，双重压力下，对独居老人养老服务的高质量供给迫在眉睫。本书基于现有关键问题，选取老龄化、高龄化、空巢化三个具有研究价值的方向展开，聚焦独居老人，从该类群体真实需要和首要关心出发，为未来独居老人群体养老服务有效供给建言献策，具有现实意义及政策意义。

1.1.2 独居老人数量快速增长，伴随养老服务需求总量增加

随着具有未富先老、未备先老的老龄化特征的中国老龄化社会的急切到来，我国老年人口进入快速增长阶段，老年人口结构向高龄化、空巢化、失能化加速发展。据《中国统计年鉴 2021》统计，截至 2020 年年底，我国 65 岁及以上人口超过 1.9 亿人，较 2019 年增长 7.3%，老年抚养比达到 19.7%（见表 1-1），预计至 2050 年，我国老年人口数量将占全国总人口的三分之一。与此同时，独居老人比例和数量都有所增加，根据全国人口普查数据整理，2000—2010 年，“夫妻空巢家庭”比例由 11.38% 提升至 15.37%，“独居空巢家庭”比例由 11.26% 提升至 16.40%。可见，随着老龄化进程加深，无论是只有夫妻两人还是独居的空巢家庭比例都呈现上升趋势。独居老人数量的显著增长无疑会伴随着养老服务需求数量的增加，短期急速增长的需求给我国独居老人养老服务足量供给提出了挑战，供需不平衡风险迅速扩大。

表 1-1 老龄人口比重及抚养比

年份	65 岁及以上老人		总抚养比/%	老年抚养比/%
	人口数	比重/%		
2016	15037	10.8	37.9	15.0
2017	15961	11.4	39.3	15.9
2018	16724	11.9	40.4	16.8
2019	17767	12.6	41.3	17.8
2020	19064	13.5	45.9	19.7

资料来源：国家统计局．中国统计年鉴 2021［M］．北京：中国统计出版社，2021.

1.1.3 关注独居老人需求，提供多样化养老服务保障

独居老人，顾名思义，为长期单独居住的老人。有别于非独居老人，独居老人更加需要家庭的关爱与资源支持，部分独居老人呈现经济拮据、心理孤独、渴望交流的特征，更易陷入养老困境。在生活方面，大部分独居老人生活只能依赖自我照顾，抵御老年风险的能力较差，随着年龄渐长与自理能力的弱化，自我养老更加困难，只能依赖社会提供的生活照料服务。在社交方面，长时间独居让老人更渴望社交，但随着城镇化进程的推进，老人社交圈缩小，人际关系也普遍淡漠，曾经的街坊如今多见面不识，独居老人社交需求难以得到满足。独居老人面临生活、精神等多方面的养老难题，导致独居老人难以“独善其身”，需要社会提供多样化、专业化的养老服务保障。

1.1.4 独居老人养老服务整体供给质量有待提升

我国养老服务体系建设已经跨越了以广覆盖为目标的阶段，进而迈入多层次、高质量发展阶段。但社会保障强调现金支付，忽视社会服务的问题仍然存在，尤其是独居老人养老服务，缺乏一定的针对性，无论是在结构、数量、质量上都存在供给不足。结构上，独居老人养老服务供给主要依靠政府支持，社会力量进行补充。但独居老人养老服务问题从党的十八大开始才在真正意义上得到关注，对独居老人群体养老服务供给仍停留在政策导向、呼吁阶段，尚未形成完善的保障体系和统一的管理标准；另外，社会层面力量参与意愿不足，为老社会组织和养老服务市场发展缓慢，且已进入市场的为老组织存在经营困境。独居老人面临自我养老需求旺盛但社会养老服务供给同质化，针对性养老服务政策不足的双重困境，亟须从独居老人需求侧出发，为养老服务供给提质增效。

目前，我国独居老人养老服务发展较为缓慢，在服务人群、服务项目、服务模式等方面存在供需不匹配的失衡问题，仍处于提供基本养老服务的低水平发展阶段，无法满足独居老人群体异质性的养老服务需求。本书拟关注的独居老人养老服务有效供给问题，是解决独居老人养老服务供需结构性失衡、质量低下、定位不准确问题的重要举措。同时，结合个体特征、健康状况、家庭支持维度分析影响养老服务需求的关键因素，有助于各级政府深入理解当前独居老人养老服务真需求、强需求。最后，基于质性分析和实证分析结果，提出现有约束路径下有效供给养老服务的可行路径，对实现独居老人养老服务高质量发展，让独居老年人摆脱养老困境、安享幸福晚年有重要现实意义。

1.2 文献综述

1.2.1 独居老人

随着客观环境改变，结合个人主观选择等多种因素，主动或被动选择独居状态的老人越来越多。独居老人作为增长较快的老年群体之一，受到了国内外学者广泛关注。学界关于独居老人的研究主要集中在以下方面。

1）独居老人基本生活状况

独居老人基本生活状况研究主要包括两方面。一是影响老年人选择独自居住方式的原因研究。如 Shih（2016）研究了老年人居住安排选择的动态过程，认为独居状况不一定影响老年人健康状况，独居选择是多因素作用的结果，把独居简单作为一种风险因素考虑，忽略了老年人主观考量的复杂过程。[1] Gaymu 等（2006）研究欧洲老人选择独居的原因，发现身体状况较差的老人不易选择独居，同时，有无后代显著影响欧洲老年人居住安排的选择，即有后代老年人多与子女共同居住，选择独居方式养老的可能性降低。[2] Gaymu 等还发现，高收入群体更倾向于选择独自居住。[2] Daviglus 等（2011）基于美国数据，分析了独居老人数量持续增长的原因，认为养老保障体系的完善和经济水平的提高是独居老人数量自 20 世纪 40 年代开始持续增加的根本原因。[3]

二是关于独居老人个体特征的分析研究。尹星星等（2021）分析全国 2100 余名独居老人数据发现，女性、社会经济地位低的独居老人不健康风险更高，并建议出台独居老人健康支持政策。[4] 李桐瑶等（2021）基于中国老年人健康长寿影响因素调查（CLHLS）数据研究独居老人整体健康水平，结论表明该群体健康状况整体较差，并需要通过家庭支持、社会援助等方式促进健康状况提高。[5]陈瑜（2017）以上海市为例，比较独居老人与非独居老人差异，数据显示独居老人整体健康水平不高，缺乏社会支持，生活质量显著低于非独居老人，需要政府、社区提供帮助，保障其生活质量。[6]杨晓龙等（2017）通过分析山东、甘肃、河南三省省会城市的独居老人数据，发现多数独居老人住房问题已经解决，但是整体经济水平低于非独居老人，且独居老人经济状况存在显著东西部地域不平衡现象。另外，年龄、文化水平和性别等个体特征变量对独居老人的经济状况有影响。[7]

2）独居老人心理状况相关研究

目前已有很多关于独居老人心理状况的研究。国内外学者一致认为，相比于与他人共同居住的老人，独居老人心理状况不佳，更易罹患精神疾病。尤其是在中国，独居对老年人的心理影响或许更严重，受传统家庭观念的影响，老年人更愿意与子女一起居住享受天伦之乐，独居老人多为被动选择，独居带来的影响也多为负面的。综合学者研究，关于独居老人心理方面的研究主要从心理状况测评、心理干预以及不同特征独居老人心理状况对比三个方面展开。

在心理状况测评方面，Helene Hem 等（2008）比较独居老人群体心理状况差异，得出相较于其他居住方式老人，独居老人心理状况普遍较差，情绪稳定状况不如普通老人。[8] Molarius 等（2009）研究了独居老人心理健康影响因素，发现经济状况、社会地位、人际关系等因素对独居老人心理有显著影响。[9] Haewon（2019）对 256 名韩国独居老人进行调查，发现独居老人身体活动水平与抑郁之间具有相关关系，其中持续柔韧性锻炼可能比肌肉力量锻炼更能有效地维持独居老人健康的心理状态。[10] Paganini-Hill 等（1994）发现，独居老人比非独居老人更易产生孤独感、抑郁和焦虑等消极情绪，且形成该问题的原因较为复杂，随着年龄增长该问题会日趋严重，需要社会提高重视程度。[11]徐海波等

（2015）通过实证调研数据比较空巢与独居老人心理状况差异，发现独居老人罹患抑郁症风险更高，呼吁社会和家庭关注独居老人心理健康，为独居老人营造健康良好的社会环境。[12]王兵等（2019）通过整群抽样分析上海1500余名独居老人心理状况，发现自理能力差、自评健康状况差、年龄较长的独居老人心理状况普遍更差，建议通过加强文艺体育活动以及社会交往活动等措施有效改善独居老人心理状况。[13]高修银等（2014）借助症状自评量表（SCL-90）评定工具测度徐州独居老人精神疾病检出率，结果表明徐州市独居老人心理健康状况较差，且自身存在讳疾忌医的现象。建议从维护子女关系、改善健康状况等方面提高独居老人心理健康水平。[14]黄乐萍等（2014）以上海某社区数据为例，得出收入水平、活动能力和家庭支持显著影响老人的孤独感水平，并提出通过政策兜底、家庭支持等方式提高独居老人心理健康水平。[15]

在独居老人心理干预方面，荀雪琴等（2011）为研究专业化的养老服务团队对高龄独居老人心理状况效用，通过干预组和对照组比对发现，引入以护工为主体构成的专业化养老服务团队对独居老人心理状况改善有明显作用。[16]赵春善等（2016）通过将朝鲜族独居老人分为是否干预两组，比对两组心理状况，发现运用人生回忆疗法进行干预对独居老人心理健康水平有显著提高，同时，抑郁情绪不是一时一策能够解决的，需要通过长期心理干预才能缓解。[17]关文君（2013）强调社工干预对独居老人心理状况改善的重要性，认为提前了解老人的心理变化过程并制定接触计划十分必要。[18]

除上述研究外，学者还进行了分群体的独居老人心理状况研究，尤其是分性别、分地区对比不同独居老人心理状况。在性别比较方面，刘彦喆等（2011）以吉林省某市为例，研究男女独居老人基本生活情况差异，发现与男性独居人相比，女性独居老人生活状况更差，生活更加窘迫艰难。但从心理状况而言，女性独居老人心理承受能力更强。[19]在城乡比较方面，高修银等（2014）以江苏徐州市为例，比较城市与农村独居老人的心理健康状况差异，发现农村独居老人心理问题更为严重，需要政府、社会、家庭多主体通力合作才能较好地解决农村独居老人养老问题。[20]

3）独居老人社会支持的研究

在社会支持方面，独居老人整体社会支持不足，且社会支持呈现城乡明显差距。李强等（2019）通过构建社会支持量表衡量独居老人社会支持情况，发现独居老人来自社会的帮助支持普遍不足，而社会支持较差会导致孤独感的显著提高。[21]唐莉等（2020）认为社会支持会显著影响老年人预期寿命及生活幸福感，并对不同居住方式的老年人社会支持情况进行对比，发现独居老人的该指标水平明显低于其他群体老年人。[22]陈习琼等（2017）以我国城市独居老人作为研究对象，同样得出了该结论。另外，比较家人探望不频繁以及没有家人探望的老人，有家人定期探望的独居老人社会支持表现较好。[23]吕如敏等（2016）通过独居老人代际支持研究发现，独居老人存在代际赡养的同时，还存在代际反哺现象。[24]庄云（2014）运用质性研究的方法发现独居老人社会支持存在制度不明、补贴不足、政府责任不清晰等方面的问题，并针对现有问题提出一一对应的政策建议。[25]杜海霞等（2015）通过分析城乡独居老人差异，发现独居老人社会支持水平也存在明显的城乡差距。同时，在农村社会支持不足的现实背景下，社会养老服务资源仍然向城市倾斜，因此需要着重提高农村独居老人关注度。[26]徐海波等（2015）通过独居与非独居老人对比发现，独居老人社会联系较少，社会地位偏低，无论是生理还是心理都更易陷入困境，因此需要增加社会帮扶力度，以减少独居老人的心理疾病发生率。[27]

从已有的研究情况看，关于独居老人的研究已经有了一定基础，现有研究对于独居老人特殊性已经形成普遍认知，证明独居老人在健康水平、社会支持水平等方面都明显低于其他老人，该群体的养老困境已经得到理论关注并进行了一系列基础理论分析，但是现有研究多为局部区域研究，在独居老人的群体差异、社会资源有效供给等问题上的深入研究与解释存在不足。

1.2.2 独居老人养老服务需求

相对于非独居老人而言，聚焦独居老人群体的服务需求研究较少，目前研究主要集中在服务需求现状、影响因素以及需求差异分析三方面。

在养老服务需求现状方面，Weinstein（2007）等学者通过实证分析研究美国老年人各种形式养老服务情况，数据结果显示，随着年龄的增长和身体机能逐渐衰退，独居老人对社区提供长期照护服务依赖度变高。[28] Izawa（2006）等学者研究城市独居老人发现，当社会养老服务无法及时供给时，家庭等非正式养老服务能起到很好的补充作用。[29] 穆光宗（1999）认为从人的需要出发，老年人具有照料、供养和理解三种需要，因此，养老服务作为社会保障体系的重要组成部分，应该在匹配老年人需求的基础上提供相应服务。[30] 郭竞成（2016）通过浙江省老年人调研数据分析，证明老年人养老服务需求存在弹性，理应根据弹性特征采取灵活的供给方式。[31] 文婉聪（2016）分析得出独居老人养老服务供需存在明显缺口，建议政府和社会提高独居老人群体重视程度，完善多层次养老服务体系建设工作。[32] 祁悦（2017）按照区域划分，选取我国东中西部社区老人样本，研究不同地域独居老人养老服务供需状况，发现独居老人对社区居家养老服务依赖度明显高于非独居老人，且服务需求项目与非独居老人也有差异。研究发现，独居老人对医疗和精神类养老服务需求依赖度最高，需求强度最大，建议基于独居老人需求状况针对性供给社区居家养老服务项目。[33] 张琳（2014）通过分析河北省农村独居老人一手数据，发现独居老人存在生活、精神、经济三方面的养老需求，因此，政府需要结合需求情况供给相应养老服务，同时，除正式养老服务支持外，作者认为在农村地区采取互助养老模式能有效缓解政府供给压力，补充独居老人养老服务。[34]谭英花等（2015）通过分析独居老人精神慰藉服务现状，提出呼唤家庭养老回归、发挥政府的方向导引作用和社区支撑作用以弥补精神慰藉类服务供给不足的困境。[35]

在养老服务需求影响因素方面，Thompson 等（1998）发现生活在养老服务、设施建设较好社区的独居老人对养老服务质量期待也会更高。[36]Lee（2018）发现独居老人因孤独而死亡的现象严重，已形成社会问题，需要政府为该类群体提供户外服务和人际关系维持类服务以减轻孤独感。[37]张琦（2018）借助中国健康与养老追踪调查（CHARLS）数据，运用二分类逻辑（logistic）模型实证分析了中国独居老人养老问题影响因素，发现家庭精神支持因素和社会支持因素是影响独居老人养老问题的核心因素。[38]戴建兵等（2017）对广州等五个城市的两千八百份样本进行分析，结论表明文化程度、婚姻状况、健康状况等差别会显著影响独居老人对社区养老服务的需要程度，特别是自理能力会显著影响独居老人养老服务需求情况。作者发现，年龄大小与独居老人养老服务需求情况无显著关系，因此建议应该逐步由以年龄为考量转变为以独居老人自理能力为考量供给辖区养老服务。[39]王琼（2016）挖掘公开数据，发现独居老人居家养老服务需求高，满足低。同时，健康状况影响独居老人医疗护理服务利用情况。[40]

在独居老人养老服务需求差异方面，Haak 等（2007）选取未婚独居老人群体进行研究，发现该类群体家庭养老支持不足，更需要社会补充提供生活、医疗等养老服务。[41]熊茜等（2016）基于 CLHLS 数据分析得出，独居老人不同于非独居老人，该群体对生活照料以及精神慰藉养老服务需求更高。建议提高独居老人群体的社会关注度，加强对该群体多层次、多样化需求的重视及满足。[42]吴婉华（2020）基于东莞社区独居老人质性研究数据分析独居老人多层次服务需求。研究发现，独居老人养老服务需求更高，但面临养老服务供给缺位、家庭支持不足等困境，更需要社会关怀、家庭照护和专业服务，并从生态系统理论角度提出完善独居老人养老服务体系建设的政策建议。[43]

现有研究情况表明，独居老人需求与服务项目依赖上存在明显异质性，有必要加强对该群体多层次、多样化需求的重视及满足。由于研究视角不同，各学者对独居老人养老服务需求影响因素考虑不尽相同，但综合已有研究，影响独居老人养老服务需求的主要因素包括：个体特征（如年龄、性别、户籍、受教育程度等）因素，社会支持（如家庭支持、社会地位、经济收入、邻里关系等）因素，健康状况（包括自评健康、慢性病情况、活动能力、心理健康等）因素。本书将结合已有研究选取养老服务需求影响因素指标，并通过实证分析在第四章详细论述。

1.2.3 养老服务有效供给

20 世纪 70 年代，政府失灵危机席卷全球，随之而来的是对政府包揽养老服务供给的反思与质疑，福利多元主义、多元治理理论逐渐兴起。最早由罗斯（Rose，1986）提出了福利的三分法[44]，约翰逊（Johnson，1987）在罗斯的三分法基础上提出了福利四分[45]，著名经济学家米尔顿·弗里德曼（Milton Friedman）强调应该给予服务供给主体足够的自由度，让市场在供给过程中起到更为积极的作用[46]。萨拉蒙（Salamon，2016）认为非政府组织作为社会中坚力量，同样可以在服务供给中出一份力。[47]Bei（2022）基于中国养老进程加快的困境，提出政府、社区、家庭力量整合，以实现突出问题的有效解决。[48]当然，除上述学者强调社会供给主体起到的补充功能外，还有学者从审视政府职能边界视角出发，研究服务提供问题。其中最为典型的是美国学者戴维·奥斯本（David Osborne）与特德·盖布勒（Ted Gaebler），他们提出了政府流程再造理论，主张政府不应该大包大揽，应该由万能政府向小型政府转型，并让专业的人做专业的事，发动其余社会力量各司其职供给养老服务。[49] Fu（2020）关注政府购买养老服务职能，认为一方面政府购买养老服务具有其必要性和积极影响，但政府职权划分不清晰和政府能力有限使得政府必须借助社会力量，如通过鼓励社会组织、引入社会资金等方式，达到政府购买服务部分的有效供给。[50] 除上述关注不同供给主体作用、边界划分以达到服务有效供给的研究外，也有学者从供给与需求匹配平衡的角度出发，研究服务有效供给问题。张应良等（2020）发现供给公共服务并不一定可以增加居民幸福感，真正能起作用的是与居民需求相符的公共服务。[51] 周学馨等（2018）从失独老人这一特殊群体养老问题出发，认为政府、社会组织等多主体协同供给养老服务是解决老人养老问题的可行举措，并主张建立一个边界清晰、主体明确的服务供给政策框架。[52] 辜胜阻等（2015）强调了提前做好养老服务多维度发展的战略准备在人口老龄化浪潮来袭时的重要性，并认为现在我国养老服务供给无效问题仍然十分严重。[53] 夏志强等（2012）认为随着政府公共服务开支增加，需要精准识别社区各类服务的供给性质和属性，多主体赋权，共同完成服务供给的任务。其中，社会组织参与和采用市场化运行机制是有效供给的关键。[54]

1.2.4 文献述评

综上所述，学界对于独居老人服务供需现状的描述，为相关政策的制定和修订提供了一系列建设性意见，也为本书提供了理论依据。但现有研究仍存在不足，一是对养老服务需求细分不够，现有研究多集中于需求有无，且存在“需求”“需要”混淆的现象，对有效性的概念、原因、对策等方面深层次剖析不足。

二是局部区域研究偏多，得出的结论不具有推广普适性。三是对需求和供给结合不足，一方面，针对有效需求与供给的研究较少，相关研究大多从单个学科视角关注独居老人问题，跨学科的研究很少且缺乏纵深研究；另一方面，虽然学术界在多主体供应方面已达成共识，但对于多元主体之间的合作方式及程度、监管方式、责任划分等研究并不完整和系统，针对独居老人的有效供给无法落到实处。

同时，对现有研究的趋势分析为本书提供了思路。一方面，在供给主体多元化的普遍认知下，独居老人养老服务各供给主体之间如何协调，避免供给过剩和不足是值得探讨和深究的；另一方面，有效供给的前提是有效需求识别，结合需求现状研究有利于服务资源合理配置，达到服务有效供给的目标。因此，本研究拟基于现有文献分析，从以上两方面入手继续深化独居老人养老服务研究。

1.3 思路与框架

1.3.1 研究目标

近年来，随着社会主要矛盾的转变，我国已进入民生福祉高质量发展新时代。老年人日益增长的美好生活需要急切呼唤养老服务提质增效。但目前独居老人养老服务仍然存在供需失衡、供给不足问题，成为推进我国养老服务多层次、高质量发展路上无法忽视的挑战。因此，本书以独居老人养老服务需求分析与有效供给为主题，旨在通过理论与现实两个层面为独居老人养老服务供给提质增效建言献策。具体研究目标如下。

一是构建独居老人养老服务需求分析框架。独居老人与非独居老人相比，在活动能力、文化水平、生活方式、社会支持等方面都存在着差异。因此，相较于非独居老人，独居老人必然有着其群体独特的养老服务需求，普适化供给的养老服务供给不适用于独居老人养老问题。本书在需求概念界定与文献研究的基础上，结合相关理论，构建独居老人养老服务需求的分析框架，为后续实证分析提供理论支撑。

二是分析独居老人养老服务需求及其影响因素。首先，本书基于卡诺（Kano）模型，分析独居老人养老服务需求优先满足序列。其次，运用多元有序逻辑（logistic）回归模型分析不同群体独居老人需求的差异，为后续养老服务有效供给分析提供依据。

三是提出具有针对性、精准性和优先性的独居老人养老服务有效供给可行路径。依据需求分析结果，得出独居老人养老服务供给的结构质量、内容质量，并对供给质量不足之处进行原因剖析，结合独居老人养老服务需求，明确不同类别服务中应优先满足的服务需求、优先提供的服务内容，并基于分析提出现有约束条件下的独居老人养老服务有效供给策略。

1.3.2 研究方法

1）文献研究法

一是，本书以“独居老人”“养老服务”“养老服务需求”“养老服务有效供给”等关键词在中国知网、Web of Science 等学术网站检索高质量学术文献，并对现有高质量文献研究进行分析、评价和综述，在现有研究基础上展开纵深研究。二是，检索官方网站搜集独居老人养老相关政策文件，以了解我国独居老人养老服务项目、资金、人力等要素投入数据，明确我国独居老人养老服务供给现状及未来规划情况。

2）问卷调查法

问卷调查能获得大量的一手数据，对分析独居老人生存现状及养老服务需求有重大的作用。为保证样本的广泛性，使用随机分层抽样的方法选取陕西省延安、宝鸡、汉中三市作为调研地，并对调研地 128 名独居老人的个体特征、养老服务需求、养老服务满意度等因素进行调查，本书使用包含现有研究成果中较为显著且符合本书研究主题的问卷与指标进行分析，在遵循经济有效的原则下，通过随机拜访的方式选取被调查人，尽量做到对不同状况的家庭全面覆盖。特别的，由于老年人不易理解问卷，问卷数据采用培训后的调查员代填方式收集，以减少老年人填写过程带来的样本误差，通过问卷调查法为研究提供实证基础。

3）数理分析法

数理分析主要包括简单描述分析与数理模型分析。第一部分为描述部分，主要通过描述，简单概括独居老人包括年龄、收入、婚姻状况等维度的个体特征。第二部分为数理统计分析，结合上述的问卷调查，使用 SPSS、AMOS 进行数据的信度和效度检验，在通过信度和效度检验的基础上，运用 Kano 模型、多元 Logistic 回归模型等数据分析方法，提出假设并验证，以期得到改善独居老人养老服务供给质量的一些可行对策。

1.3.3 研究思路

本书基于当前人口老龄化的背景和独居老人养老服务的发展现状，以生存、相互关系、ERG 理论与魅力质量理论作为指导，综合运用 Kano 模型和多元 Logistic 回归模型，对我国独居老人如何高效供给养老服务问题进行研究。首先，通过文献的回顾总结，界定出本书的核心概念，并基于概念和理论的应用构建本书分析框架，作为研究的基础与前提。其次，通过分析一手数据中的关键指标，总结出独居老人需求的特殊性，并运用 Kano 模型划分独居老人养老服务需求层次。再次，结合养老服务分层结果分析独居老人养老服务需求的影响因素，细分不同个体特征、健康状况、家庭支持的独居老人养老需求。最后，结合独居老人养老服务供给目标、现状、问题及约束条件，提出顺应未来独居老人养老服务发展方向的可行对策建议。本书研究思路如图 1-1 所示。

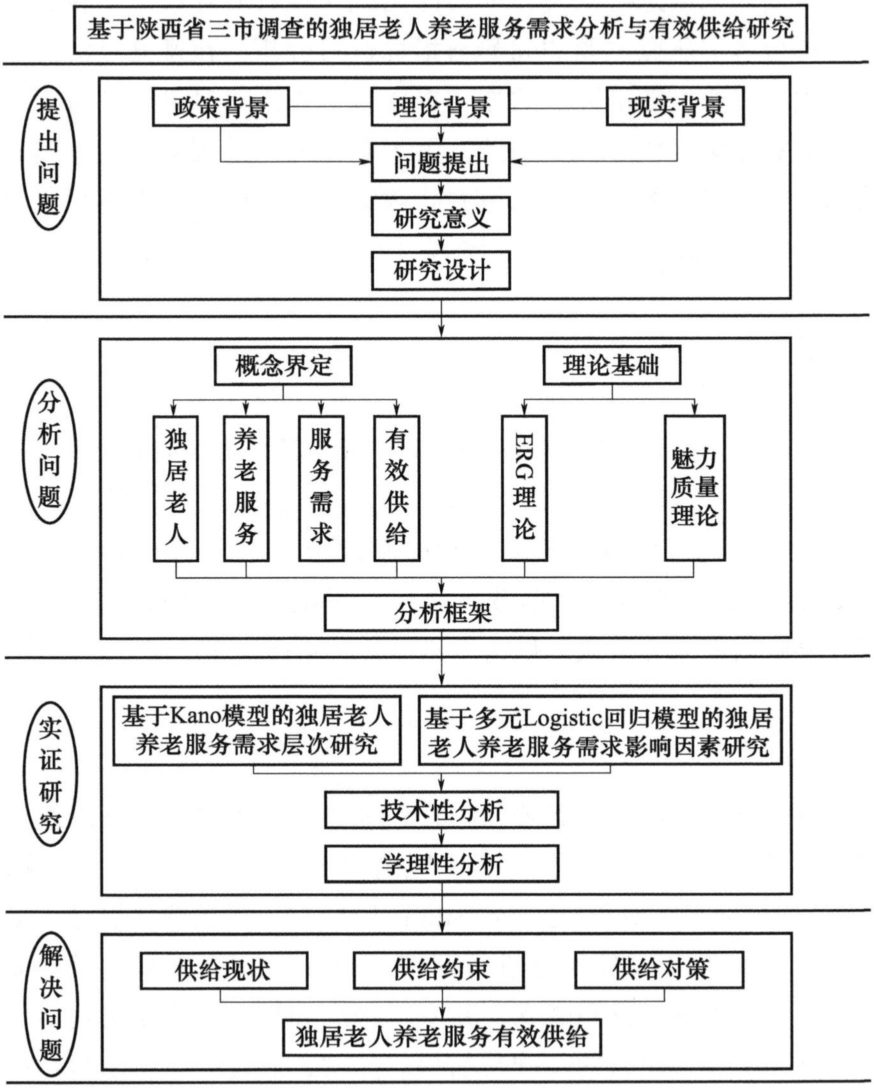

图 1-1　本书研究思路

2 核心概念与理论基础

2.1 概念界定

2.1.1 独居老人

要界定独居老人，首先要明确老年人概念。人的生命周期理论阐明，老年是人生最后一个阶段，在此阶段人的生理功能逐渐衰退，性情或有较大的变化。[55]中国传统古代历法将60岁规定为花甲，花甲指的是人指甲根部白色痕迹消失的意思，白痕的消失意味着身体已经逐渐衰老，花甲老人由此而来。另外，《中华人民共和国老年人权益保障法》规定，凡年满60岁以上的公民都属于老年人，理应受到相应的权益保障。因此，本书结合老年人基本特征和老年政策规定，认为年龄达到60岁及以上即为老年人。

就独居老人概念而言，学术界尚无统一的界定标准。部分学者认为独居老人就是空巢老人，指与子女分开居住的老人及其配偶总称。[56][57]其余学者认为独居老人是空巢老人群体的一部分，指单独居住的老人。[58][59]本书倾向于第二种更为严格的界定方式，认为独居必须长期单独居住，若与配偶同居在生活上、情感上都能互相扶持，养老问题没有单独居住的老人严峻。因此，本书将独居老人定义为长期单独居住的60岁及以上老年人群体，其中长期判断标准为一个月。

2.1.2 养老服务

现有文献关于养老服务的研究分为两类，广义的养老服务指能满足老人需求的各类服务；狭义的养老服务只包含家庭、政府、社会等各主体提供的专业化的为老服务。穆怀中（2022）认为，养老是为老年人提供满足基本生活各要素的行为，因此，该学者认为的养老仅包含最基本的服务。[60]桂世勋（2017）认为，养老服务是社会行为的一种，因此具有公共性质，应该属于政府供给的老龄事业的一部分；但与此同时，养老服务又包含市场行为，当属于老龄产业的组成部分之一，综合分析养老服务具有事业产业双重特殊性。[61]汪泳等（2017）同样认为养老服务既有事业部分又有产业部分，并界定了归属于老龄事业部分的养老服务概念，认为该部分养老服务是一种政府供给制度安排的总和。[62]胡宏伟等（2021）则强调了养老服务归属于老龄产业的部分，认为老龄产业部分包括老年旅游、老年健身等在内的一系列产业。[63]丁志宏等（2019）提出，养老服务是为了满足我国老龄人口的衣食住行医等在内的各方面需要而提供适应需要的各类社会行为。[64]值得注意的是，该学者更强调服务供给需要适应老龄人口的各类需要，因此，无论供给的主体或是供给的形式如何，只要能满足老年人的需求的都可称之为养老服务。综合上述分析，本书认为养老服务是为全体老龄人口提供的，以满足其物质与精神需求为目标的所有服务的总称。

2.1.3 养老服务需求

需求的概念起源于管理学，在经济学和营销学中都给需求下过定义。微观经济学中定义的需求指的是产品需求，即人们在某一特定的时期内在各种可能的价格下愿意并且能够购买某个具体商品的需要。[65]但本书研究的需求主体是养老服务，虽然养老服务是准公共产品的一种，但是其根本是无形的，并不能像产品一样直接通过购买的商品数量或质量来衡量，因此，不得不提及心理学对需求的概念，即需求是由个体在生理上或心理上感到某种欠缺而力求获得满足的一种内心状态，它是个体进行各种活动的基本动力。[66]就现有研究而言，随着研究的深入，学者发现养老服务需求与需要、想要是有区别的。如张思锋（2021）认为养老服务有效需求是指有支付能力的养老服务需要，并认为老龄人口日益增长的养老服务需要亟待转化为养老服务有效需求。[67]

综上所述，本书给出养老服务需求定义如下。养老服务需求是指能够满足老年人物质与精神需求的一切服务的总和。独居老人养老服务需求分析就是探明独居老人的真正诉求及其影响因素的过程。需求概念的三个本质特征是：其一，需求是当期内的诉求，是受环境和自身所处的状态所影响和变化的。其二，需求与需要不同，需要是主观的期望，而需求是有需要的意愿，且能在客观物质环境中被满足。其三，需求具有类别与层次，从强度看，需求可以分为强需求与弱需求；从频度来看，需求可以分为高频需求与低频需求；从广度看，需求可以分为泛需求与特殊需求。这三个维度共同构成需求价值。因此，独居老人养老服务需求分析的关键有两点：一是探寻独居老人现阶段的需求意愿；二是判断并匹配独居老人养老服务需求价值，包括需求强度、需求频度以及需求广度。

2.1.4 养老服务有效供给

有效供给这一概念最初形成并运用于商品营销的整个过程，其内涵可理解为市场运营主体的商品或者服务在市场中的供给状态恰好能达到消费群体需要并能够支持消费的程度，这种供需平衡、供需匹配的状态就称为有效供给。与之相对立的是无效供给，这种供给最典型的代表就是供需失衡，要么就是供大于求，要么就是供不应求，不过前者最为多见。我国著名研究人员崔建华（2002）在其结论中曾经提到，如果市场供应能力不能够满足市场消费能力的话，那么在一段周期之后，产品质量会下滑，市场供需结构会失衡，商品价格不断提升等等。不仅如此，对于一些公共产品而言，政府政策的变化可能也会对其产生影响。[68]张思锋（2021）认为养老服务的供应与需求的平衡，可理解为简单的有效供给，即能够在市场需求的前提下，满足老年群体服务质量、数量等多个层面的服务水平。[67]

本书在传统产品有效供给定义的基础上，结合养老服务特殊性，提出本书的养老服务有效供给内涵，界定养老服务有效供给指与养老服务需求匹配的最优养老服务配置方案，其中匹配包括供给总量充足但不过剩，供给结构合理层次分明，供给内容精准优质。

2.2 理论基础

“谁来提供养老服务”“怎么提供养老服务”“提供什么样的养老服务”是独居老人养老研究的核心问题。学界围绕着养老服务供给的责任归属问题和服务供给运作机制的效率和质量提升展开了热烈讨论。回顾养老研究的理论丛林，学者们从社会、政府、家庭和老龄人口自身的功能定位和价值诉求出发提出了不同的理论解释，构建了福利多元、公共产品、积极老龄化等理论模式。

2.2.1 独居老人养老保障制度构建的宏观理论

1）马克思的社会保障观

马克思以资本主义社会的基本矛盾为切入点，认为社会保障通过社会整体分散个体在生产生活中的风险，具有恢复补偿、促进社会再生产和维护社会稳定两大功能，具有重要的实践价值。

社会劳动者和弱势群体是社会保障的对象，《资本论》指出需要被救济的阶层由三类人组成，分别为有劳动能力的贫民、孤儿及需要救济的贫民的子女、流落街头丧失劳动能力的人。列宁在《关于对杜马提出的工人的国家保险法案的态度》中也明确提出："在工人丧失劳动力的一切情况（伤残、疾病、年老、残废）下，或在他们因失业而失去工资的情况下，国家保险都应给工人以保障。"上诉论述为中国社会保障体系建设界定了保障对象的范围，同时，也给建立独居老人养老服务体系提供了理论依据。

谁来履行社会保障职能？马克思认为国家应在社会保障中发挥着主体作用。在《共产党在德国的要求》一文中，马克思提出"建立国家工厂，国家保证所有的人都有生活资料，并且负责照管丧失劳动能力的人"的发展目标，明确了社会主义国家在公民的社会保障事业发展中的责任地位。

劳动者创造的价值是社会保障的资金来源，因而社会保障必须遵循"不折不扣的平等"，马克思在《哥达纲领批判》中指出，"每一个生产者，在做了各项扣除以后，从社会领回的，正好是他给予社会的"。劳动者在年轻时为国家建设做出了不可磨灭的贡献，要求社会保障坚持公平正义，在劳动者年老之际给予其与自身奉献相对等的回报。

马克思主义经典作家对养老保障理论的系列论述，对我国建立独居老人养老服务体系具有极大的指导意义。首先，养老服务体系建设的最终目标是满足老年群体特别是独居老人的需要。其次，社会保障作为再分配方式，可以通过税收获得资金来源，通过设立基金等方式确保独居老人的社会保障能够长期稳定地运行。再次，明晰政府责任，政府在社会保障事业中应作为顶层设计者建立与区域经济发展水平相适应的养老服务体系，分人群、分目标、分阶段设计老年群体的社会保障制度。最后，坚持公平正义的价值取向，重点关注失能、半失能老人的生存权益保障，让改革发展成果共享于不同的老年群体，保障每位老人安享晚年的权利。

2）福利多元主义理论

福利多元主义（welfare pluralism），亦称混合福利经济（mixed economy of welfare），主张福利的供给来源不应局限于政府部门，而应积极引入社会力量参与，由不同的部门共同负责福利产品的供应，实现福利供给的多元化与分散化。多元化即引入多元角色与竞争机制，社会福利除政府外，还应有市场、家庭、社区、志愿者组织等提供者，改变政府大包大揽的做法；分散化即由地方政府或民间组织而非中央政府为主体来承担福利供给，实质是强调社会福利与服务的社区化、地方化。

福利多元主义起源于20世纪70年代，在西方经济陷入“滞胀”的背景下，资本主义国家长期以来“从摇篮到坟墓”式的社会福利政策难以为继，福利国家陷入危机，倒逼西方国家重新审视现有的福利政策并积极寻求新的解决方案。1978年，英国沃尔芬登委员会（Wolfenden Committee）做出报告《志愿者组织的未来》（*The Future of Voluntary Organizations*），主张将志愿者组织纳入社会福利提供者行列，为加大非政府力量参与，构建起多元而非政府一元主导的社会福利体系提供了新的思路。1986年，经济学家理查德·罗斯（Richard Rose）在《相同的目标、不同的角色：国家对福利混合的贡献》（*Common Goals but Different Roles: The State's Contribution to the Welfare Mix*）一文中首次对福利多元主义进行了系统阐释，将福利的提供者分为国家、市场和家庭三个部分，同时认为福利是混合社会（mixed society）的产物，国家、市场和家庭作为单一主体在提供社会福利时都具有一定缺陷，导致福利供给的失灵。罗斯打破了福利国家中政府完全垄断的局面，建立了多元福利供给的基本分析框架。在此基础上，福利多元主义不断开辟出新的研究范式，衍生出三分法、四分法等理论派别，并广泛应用于社会政策领域。

福利多元主义对我国建立与社会主义制度和市场经济相适应的独居老人养老服务体系有所启迪：构建独居老人养老服务体系应充分调动多方力量参与，政府、市场、社区、家庭和非营利组织等社会主体都不是独居老人养老服务的唯一提供者，单纯依靠任何一方供给养老服务都容易导致供给效率或质量的失衡。同时，福利多元主义理论作为舶来品，运用在我国实践过程中时，必须根植于中国特色社会主义制度土壤，推动其本土化。正如学者所抨击的福利多元主义固有的诸如“家庭失灵”及“志愿失灵”等内生性困境，和老龄化、少子化带来的人口结构变动造成的外源性困境，也要求我们重新考量政府在解决独居老人养老困境时应有的角色定位，既不能有大包大揽的家长式作风，也不能“一推了之”，任由独居老人“自由发展”或将社会福利责任尽数转移。此外，为充分发挥市场在资源配置中的基础性作用，可采取政府购买服务、设置税收优惠等方式鼓励养老服务产业发展，为独居老人提供多层次、多样化的服务。

3）积极老龄化理论

1991 年，世界卫生组织（WHO）发出健康老龄化的倡议，倡导每个国家或联邦内部齐心协力，积极施策应对日益严峻的老龄化问题，转变原有将老年人视为社会负担的消极观念，鼓励老年人积极参与社会生活，将其视为能为社会治理带来生活经验和智慧的宝贵资源。2002 年，世界卫生组织在《积极老龄化：一个政策框架》（*Active Ageing*：*A Policy Framework*）中，将“积极老龄化”定义为“伴随着人们的年龄增长，通过优化健康、参与和保障机会提升生活质量的过程”。

“积极老龄化”理论区别于以往将老年人置于社会或家庭附属地位的理论框架，将老年人视为独立个体，凸显其公共事务参与的权利和应有的社会责任，在对老年生活的规划上，该理论超越了对生活质量较为单一的健康维度和物质维度的追求，注重挖掘老年人在社会参与中的内在潜力和追求精神世界的丰盈，有助于打破人们对老龄化的刻板影响和对老龄人口的隐形歧视。

在“积极老龄化”理论下应对独居老人的养老问题，在生活保障方面，除保障老年人的物质生活条件和身体健康之外，还应通过精神慰藉等方式满足老年人的精神需求；在现代社区的治理过程中，社会与独居老人之间不应是简单的主体与客体的关系，而是主体与主体的关系，应在切实保障独居老人利益的同时充分认识到老年人的重要作用，鼓励其表达自身利益诉求，不再简单从社会公共事务中“路过”，而是切实参与其中，让老年人在参与过程中树立“主人翁”意识，增添对城市或社区的归属感，实现老有所为；在养老问题的解决上，发挥其主观能动性，通过积极开展互助养老等方式缓解当前养老服务供给不平衡、不充分的问题。

2.2.2 独居老人养老保障的供给相关理论

1）家庭生命周期与“反哺式养老”理论

家庭生命周期理论阐述了家庭发展的一般性过程，将家庭划分为由年轻夫妇组成的新生期、子女出世的核心期、子女成家后的空巢期和老年夫妇逐渐衰老的解体期四个阶段。家庭生命周期理论强调，不同发展阶段上家庭成员生理属性和社会属性的变化会使家庭面临各种任务和需求。而独居老人现象主要发生在家庭的空巢期和解体期，此时，老年面对着物质基础衰弱和家庭情感流失的双重打击。

而“反哺式养老”指的是，中国传统社会将血缘关系与经济关系相结合，从家庭层面保障老有所养的代际关系传承。中国著名社会学家费孝通曾用公式形象地总结中国社会的“反哺式养老”模式：F1→←F2→←F3[①]。其含义为“甲代抚育乙代，乙代赡养甲代，乙代抚育丙代，丙代又赡养乙代”，是下一代对上一代的“反馈模式”。在传统社会中，子女年幼时，父母为其提供生存与发展资料，教养子女成人；在父母衰老之际，子女赡养父母，回馈父母的养育之恩，从而形成家庭内部不同年龄成员之间互相照料的养老模式，也使其得以不断繁衍和延续。

但随着工业化浪潮席卷华夏大地，青壮年劳动力在经济理性或现实压力的刺激下流动日渐频繁，以子女承担全部养老责任为主要特征的“反哺式养老”和“父母在，不远游”的孝道伦理的社会基础被削弱，孝而难养成为不少子女的现实困境。“空巢老人”“独居老人”是时代发展的缩影，也承载着社会转型发展之殇，这势必要求家庭之外的社会主体承担一定的养老责任，为老年人口安享晚年提供支持。

2）公共产品理论与市场失灵理论

公共产品指由公共部门所生产和提供的，用于满足社会全体成员共同需求的产品和劳务。公共选择理论代表人物曼瑟·奥尔森（Mancur Olson）认为“凡是不能适当地将那些没有付费的人排除在消费之外的产品就是公共产品”。

按照组织机制的不同，可以把社会上的各种组织分为政府部门（第一部门）、市场部门（第二部门）和非营利组织（第三部门）三类。市场部门在市场机制的引导下开展活动，作为“看不见的手”，可通过发挥价格机制、供求机制和竞争机制等市场机制的作用实现帕累托最优（Pareto optimality），达到养老资源高效配置的目标。但市场自发调节的滞后性和不确定性会导致市场失灵，难以实现养老服务的有效供给。第一，公共产品消费的不排他性使得养老产品提供过程中容易产生“搭便车”问题。第二，

① F代表世代，→代表抚育，←代表赡养。

养老服务的供求双方信息不对称，独居老人天然处于信息获取的劣势地位，进而导致养老产业发展中出现虚假宣传、假冒伪劣产品等道德风险及劣币驱逐良币等逆向选择问题。第三，资本天生的逐利性会扩大不同区域和不同收入阶层的独居老人所享有的养老服务数量和质量的差距，导致养老服务的资源分配不公。

市场失灵问题为政府介入、干预养老服务供给提供了正当性。第一，政府部门在公共价值的指导下，基于一定的公共选择机制进行活动，主要负责管理公共事务、提供公共产品和公共服务，并以实现公共利益作为目标诉求，为独居老人提供养老产品是我国政府服务职能发挥和遵循全心全意为人民服务宗旨的应有之义。第二，政府依靠国家强制性力量征税获得财政收入，奠定养老服务供给的经济基础，并通过财政支出提供公共产品，解决因高昂的前期投入和普遍存在的“免费搭车”导致的养老服务供给无人问津的窘境。第三，政府以公共权力为基础，对养老市场中存在的负外部性进行约束，保障养老产业的良性运行。第四，政府通过政府服务和政府间协议（intergovernmental agreement）自发提供养老产品，通过合同承包、政府补助、凭单制（voucher system）和志愿服务与市场部门和第三部门建立公私合作伙伴关系，实现养老服务的多中心供给。第五，政府通过发挥宏观调控职能促进养老公共服务的均等化，确保不同区域和不同群体间的独居老人大致享有相同数量和质量的养老服务。

3）社会支持理论

社会支持（social support）内涵多样，目前就其概念界定达成共识。例如，有学者认为“在笼统的含义上，我们可以把社会支持表述为各种社会形态对社会脆弱群体即社会生活有困难者所提供的无偿救助和服务”。[69]李强从心理学角度出发，认为社会支持应被界定为“一个人通过社会联系所获得的能减轻心理应激反应、缓解精神紧张状态、提高社会适应能力的影响”。[70]丘海雄等认为“社会支持既涉及家庭内外的供养与维系，也涉及各种正式与非正式的支援与帮助。社会支持不仅仅是一种单向的关怀或帮助，它在多数情形下是一种社会交换”。[71]陈成文等认为社会支持是“一定社会网络运用一定的物质和精神手段对社会弱者进行无偿帮助的一种选择性社会行为”。[72]贺寨平从社会网络的视角出发，指出个人的社会支持网就是指个人能借以获得各种资源支持（如金钱、情感、友谊等）的社会网络，通过社会支持网络的帮助，人们解决日常生活中的问题和危机并维持日常生活的正常运行。[73]总体而言，社会支持的主要内容涉及客观的物质支持、社会网络支持和以情感支持为主体的个体主观感受。

社会支持理论明确了主客观各要素功能的发挥对满足独居老人养老需求的重要作用，同时要求各系统层面间要素相互配合，从而确保养老系统的良好运行。因此，建立完善的独居老人养老服务体系，国家应对困难老年群体给予社会救助及兜底性保障，同时，为独居老人提供个性化、多样化的公共服务；加强社会主体间的沟通联系，整合独居老人养老服务资源，促进优势互补；充分发挥文化的软支撑作用，通过发扬优秀文化中守望相助的传统美德缓解独居老人的精神紧张状态。

4）新公共管理理论

新公共管理根植于公共选择理论、委托—代理理论和交易成本理论，主张运用私人部门管理方法和技术理念重塑政府部门，开创了公共行政新的演进范式，并在20世纪80年代的西方掀起公共管理运动热潮。

借鉴新公共管理的部分价值主张，可为我国独居老人养老体系的发展提供思路借鉴。第一，新公共管理强调政府的职能是“掌舵”而非划桨，面对独居老人的养老服务供给困境，应切实转变政府职能，区分管理政策制定和具体执行，明确政府应发挥的供应（providing）而非生产（producing）职能。第二，增强政府的服务意识，重塑政府与社会关系。新公共管理要求政府秉承顾客导向，以独居老人为服务对象，以其根本利益为出发点和落脚点，保障独居老人的生存和发展诉求，同时，管理模式由传统的“行政”向“管理”和“治理”转变，增加政府的回应性。第三，将企业管理方法引入公共服务供给之中，在养老服务中引入广泛的竞争机制，让市场部门和第三部门尽可能多地参与养老服务供给，改变养老领域的公共产品和公共服务基本由政府提供的局面。第四，重视养老服务提供的绩效管理和目标管理，运用责任制、绩效评估等方式提高服务供给的效率、效果和质量。

5）新公共服务理论

尽管新公共管理对控制政府规模、提高政府管理绩效和创新供给服务大有裨益，能够以更高的效率和更低的成本实现公共目标，但也衍生出一系列问题：对政府理性经济人角色的塑造忽视了公共管理一贯坚持的公共利益观，动摇了政府存在的合法性基础。在此基础上，新公共服务理论应运而生。新公共服务理论是以美国公共行政学家罗伯特·B. 丹哈特（Robert B. Denhardt）为代表的一批公共管理学者在对新公共管理进行批判和反思的基础上建立的一套管理理论。中国 MPA 之父夏书章认为“在传统公共管理与新公共管理之后，出现新公共服务运动，并非偶然，故不论它们之间的理论观点和具体内容上的分歧和争议如何，有一点似乎可以肯定和不容忽视，即强调或提醒公共管理主要是或者归根到底是公共服务的性质”。

新公共服务理论关于“政府责任”这一核心问题为独居老人养老服务体系建设提供思考。第一，新公共服务理论强调政府作用的回归，认为政府责任应包含专业责任、法律责任、政治责任和民主责任，并将政府角色重新界定为引导者，呼吁政府积极承担公共利益维护的责任。第二，新公共服务超越了新公共管理所追求的“3E”（economy、efficiency、effectiveness）价值取向，把公平、公正、民主、正义等看作公共管理的价值追求。因此，养老服务提供中要坚持公平、公正价值取向，依据独居老人基本行为能力和需求两大要素提供大致相等的服务，对失能、半失能的独居老人提供兜底保障。第三，有别于新公共管理单一的经济人假设，新公共服务将人视为具有公民美德的个体，因而，对尚有余力的独居老人，应积极引导其关注和参与社会公共事务，培育老年人的公共精神，实现老有所为。第四，在恪守公共管理核心价值的同时引入市场等多元供给方式增强养老服务供给合力，由第二部门和第三部门负责承担提升公共服务效率的任务，并建立公民的有效参与、授权及对话模式传递独居老人的利益诉求和服务偏好。

6）协同治理理论

由于独居老人养老问题的复杂性，政府、市场、非营利组织等任何单一的行为主体都难以有效应对，需要凝聚相关主体合力实现有效治理，使养老产业发展更为有序、稳定及可靠。协同是系统要素或子系统之间相互共享知识、资源和信息的有效选择，推动形成一定的自组织结构，从无序和不确定走向有序和稳定的过程。治理（governance）则指公共部门在既定范围内运用公共权威维持秩序，满足公众需要的过程。协同治理（collaborative governance）指复杂社会系统中，面对单一部门无法处理的复杂议题，多元主体在竞争与协作基础上由某一核心力量引领并联合各利益相关方，通过信息共享、资源整合及互动协商建立伙伴关系，促进集体行动、达到预期目标的治理范式。

随着社会主要矛盾的转变，独居老人的养老需求变得高度复杂、动态和多元化，政府难以单独履行独居老人养老的全部责任，需要吸纳多元社会主体的力量通力合作。协同治理既要求多元主体的参与，也要求多元主体同时对养老服务供给的结果负责，本质上是要求参与主体不仅要做到权利共享，还要实现责任共担。它为政府提供了一种优化养老资源配置的方式，使独居老人的养老公共服务供给更加灵活有效。一方面，有助于发挥多元主体在养老服务供给中的不同优势和特长。协同治理倡导的平等协商和建立伙伴关系是尊重市场、非营利组织等主体的优势和特色，并赋予不同主体在合作过程中应有的尊重和地位的重要途径。通过建立平等、开放的独居老人养老治理行动体系，保障多元主体的行动主权，激发政府、市场、非营利组织及独居老人的行动意识，就资源筹集、资金使用、合作方式与实现目标等多方面内容开展多渠道沟通，进行整体上的协同配置，达成各方均能够接受和满意的养老服务供给内容与行动方案。另一方面，克服养老公共产品与公共服务供给的集体行动失灵，为各类参与主体增势赋能。传统的家庭养老失灵、市场难以解决公共物品的有效供给问题致使除公共部门外的其他主体在应对养老产业发展上服务供给能力有限，区域及群体间的养老服务均衡难以保障。协同治理通过遵循特定的资源调配、信息沟通、反馈评价等制度安排和奖惩激励机制，有助于克服单一主体有限理性、利己主义倾向及“搭便车”等集体行动的难题，进一步厘清多元主体的养老服务合作契机，同时为全面提高养老服务能力提供方向性指引，实现养老服务需求的精准预测和服务供给的无缝衔接，保障和满足独居老人多样化、个性化的服务需求。

7）整体性治理理论

整体性治理理论是对新公共管理运动风靡治理实践带来的治理碎片化问题的战略性回应。新公共管理所主张的在养老领域引入市场机制和多元主体固然能够提高养老服务质量及对公共服务需求的回应性，但在政府组织高度分化与专业化的现实情景下，往往招致各部门各自为政及养老治理的碎片化问题。一方面，在绩效管理的约束激励下，政府各职能部门在“本位主义”下更关注本组织的绩效目标，对其他部门或政府的总体性目标视而不见；另一方面，在养老产业发展的实际运作过程中，各主体自身的发展并不均衡，任何主体的“缺位”和“不到位”都可能导致独居老人养老服务供给的缺失和疏漏。此外，从整体性治理理论来看，风险社会的不确定性、复杂性和难以预测等特征使得棘手问题（wicked problems）层出不穷。就养老领域而言，有关养老服务供给的相关公共议题具有非结构化倾向，不仅涉及政府、市场、社会组织、家庭等多个利益相关方，且其价值诉求及内部结构尚未形成明确共识。在此背景下，对独居老人养老这一棘手问题的解决方案很有可能并不能使多个利益相关方都感到“绝对满意”或“绝对正确”，各方只能在相对满意的原则上接受该行动方案。上述原因使得养老服务供给各环节形式聚合但多元主体间有效协同度低，独居老人的养老产业发展难以统筹为一个有机整体。在此背景下，催生了注重专业、层级、部门之间协调与整合和以公平需求为基础的整体性治理。

整体性治理理论在应对我国独居老人的养老问题时也展现出高度的适应性。第一，借助现代信息技术破解条块之间沟通不畅的难题，打破信息孤岛。信息技术的革新与进步为政府内部各部门的沟通合作扫清了障碍，同时，也为多元主体协同促进养老产业发展提供了技术支持。第二，整体性治理强调用整体主义的思维方法应对棘手的社会问题，通过跨部门、跨层级的工作机制构建更具有协同性的政府运行模式，变破碎为整体，化分散而铸联合，以满足养老产业发展对公共利益的追求。第三，整体性治理从独居老人的需求出发，就公民养老诉求实现政府内部部分职能部门的跨界整合，吸纳包括公私部门、社会团体等在内的多元化主体广泛参与，实现养老服务的“一站式”供给。

2.2.3 独居老人养老需求相关理论

1）马斯洛需求层次理论

马斯洛需求层次理论（Maslow's hierarchy of needs theory）由

美国心理学家亚伯拉罕·H. 马斯洛（Abraham H. Maslow）提出。马斯洛需求层次理论模型从人的动机出发，将人置于核心地位，把人的需求从低到高分为5个层次（生理需求、安全需求、社交需求、尊重需求、自我实现需求），且只有低层次的生理和安全需求得到满足后，人们才会产生高层次的社交需求、尊重需求和自我实现需求，为人们根据需求进行制度和激励政策的制定与优化提供了理论指导。

借鉴马斯洛需求层次理论可对独居老人的五种需求分别进行分析。第一，生理需求是维持独居老人生存必不可少的水、食物、空气等最基本、最底层、最基础的需求，也是推动老年人追求美好生活的强大动力。由于老年人的身体机能随年龄增长日益衰弱，生理需求层面更多地体现为对营养丰富、易于消化的膳食需求。第二，安全需求的满足主要表现为独居老人提供安全稳定的外部空间环境，对其人身安全、财产安全和身体健康的保障，实现老有所养、病有所医、居有定所。第三，在社交需求上，对独居老人而言，其行动多局限于某一特定范围内，社区邻里关系的和睦与否不仅关系到社区的日常交流以及友好氛围营造，还直接影响到独居老人的居住体验和生活质量。第四，尊重的需要分为内部尊重和外部尊重两部分。内部尊重来源于个体对自身个人价值和自我成就的肯定，外部尊重来源于国家与社会对个人的尊重与认可。因而，应更多关注社会公平，体现出对独居老人群体间不论权力大小、财富多寡，都“一视同仁”平等地对待与尊重，提供全面且均等的公共服务，给予独居老人足够的被尊重感。第五，自我实现需求的满足以前四项的满足为基础，作为人类需求中的最高层次，它指的是实现个人抱负，达到“至善美”境界的需求。作为一种衍生性需求，独居老人的自我实现在社会生活中表现为伴随着退休返聘或再就业进一步实现个人价值；另外，在家庭生活中，体现为隔代抚养模式下老年人为照料孙辈付出时间精力后得到的情绪价值反馈。

2）ERG 理论

虽然马洛斯理论的国际影响力是毋庸置疑的，但同时我们需要正视该理论仍然不可避免地存在内在缺陷，比如各需求层次间转变机械固化等。基于此，很多学者围绕发展马斯洛需求层次理论的主题进行了深入剖析。如研究员克雷顿·奥尔德弗（Clayton Alderfer）在马斯洛需求层次理论的基础上总结了人本主义需要理论的创新性特征与含义，其理论中的核心思想是 E、R、G 三个字母。其中，E 代表的是生存需求，R 代表的是关系需求，而 G 代表的是发展需求。[74] 学者奥尔德弗表示，人与人之间的需求是不同的，且人的多个需求之间也是随时变化的，所以这种关系并不能通过马洛斯需求理论来解释。在他的思想中，生存养老服务需求是每个人都会产生的基本诉求，该层次需求以人们的基础性需求为主，比如衣食住行；而当生存需求得到满足后会产生关系诉求，这种关系需求则代表个人融入集体活动后，他人对其投来的尊重、地位认可等需求；发展需求则代表的是在社会行为中，自身潜力持续增长和提升的需求，对应着马洛斯理论中的自我实现的最高层次需求。需求层次理论与生存关系发展理论（ERG 理论）的关系如图 2-1 所示。

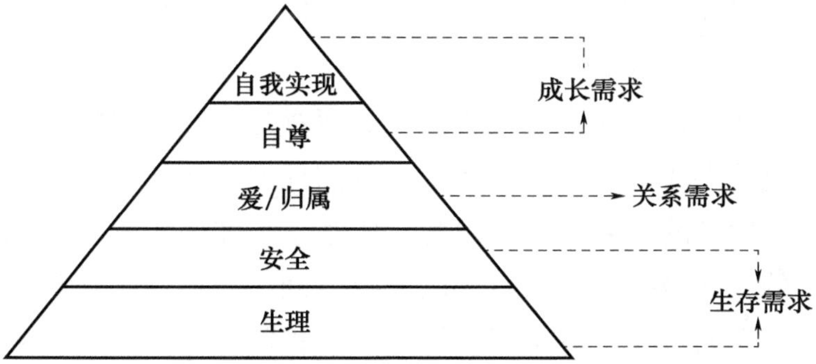

图 2-1　需求层次理论与生存关系发展理论（ERG 理论）的关系

与马洛斯需求理论不同的是，ERG 理论认为在不同需求之间，存在着一定的内在关联，也就是说，在个人向着更高级的需求进行努力但没有获得效果的时候，他们的需求便会向相反的方向变化。本书结合 ERG 理论，对独居老人养老需求方面的现状进行了研究。第一，假设独居老人群体在生存、关系、发展方面都存在需求。第二，独居老年人会结合本身的现实情况以及外在的供给情况变化产生不同需求强度的需求排序，进而得出占主导地位的特定需求。综上分析，通过结合 ERG 理论，能够确保对独居老人养老需求研究结论的精准性与针对性。

3）社会情绪选择理论

20 世纪 90 年代，社会情绪选择理论（socioemotional selectivity theory）在全球老龄化浪潮中应运而生，用以解释随年龄增长，老年人参与社会活动选择取向的心理机制，并由心理学家劳拉·卡斯滕森（Laura Carstensen）及其同事在大量实证研究的基础上不断完善。卡斯滕森提出，“社会动机可分为两大类中的一类，即与探索知识有关的动机和与情绪调节有关的动机，当时间被认为是无止境的时，与知识相关的目标会被优先考虑，相比之下，当人们认为时间有限时，情感目标就占据了首要地位”。卡斯滕森认为信息获取、自我意识的发展与维持、情绪调节是社会交往活动的三个基本动机（见图 2-2），并随个体生命周期变化发生改变。步入老年阶段，人们的信息搜寻和自我意识发展的动机减弱，情绪调节的重要性日益凸显。

社会情绪选择理论旨在从微观层面对与年龄相关的社会行为动机变化的潜在机制进行解释，为我们理解独居老人的行为动机提供了心理学的研究视角，因此，要基于个体的年龄特征探寻独居老人的养老服务供给内容，以便提升老年群体的正面认识，为促进老年人的自我价值实现发挥更加积极的作用。同时，社会情绪选择也表明随年龄变化，个体对生存时间的知觉感知发生改变，高龄独居老人与低龄独居老人可能有着截然不同的物质和情感需求。对于低龄老人而言，对信息获取的渴望和发挥余热实现自我价值的诉求将驱使其在养老过程中积极投身志愿服务、再就业等社会活动；对于高龄老人而言，排解孤独感、寻求精神慰藉是其再度社会化的主要动机。这就启示了我们在养老服务供应过程中充分考虑独居老人的年龄因素，针对其阶段特点，提供差异化的养老资源和分层分类的养老服务。

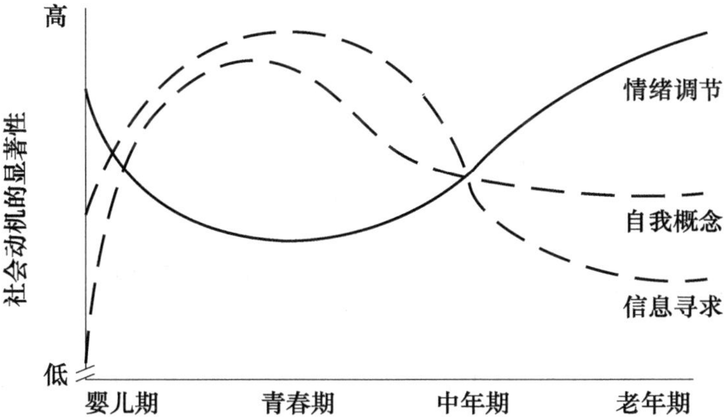

图 2-2　社会情绪选择理论理想化模型中三个社会动机的生命周期演化[75]

4）魅力质量理论

魅力质量理论是由日本著名的质量管理大师狩野纪昭（Noriaki Kano）提出的，旨在分析服务要素的满足与满意度之间的非线性关系，即“并非每种服务的提供（缺失）均能提高（降低）服务对象的满意度，同时各项要素的满足对满意度的作用（提高或降低）也存在差异。就养老服务需求而言，魅力质量理论及 Kano 模型可以更加准确地展现老年人服务需求的满足与满意度之间的关系。从服务“满足”和“满意度”2 个维度，依据服务要素的重要程度，将独居老人的养老服务需求划分为必备要素、期望要素、魅力要素、无差异要素、逆向要素 5 种层次类型，如图 2-3 所示。

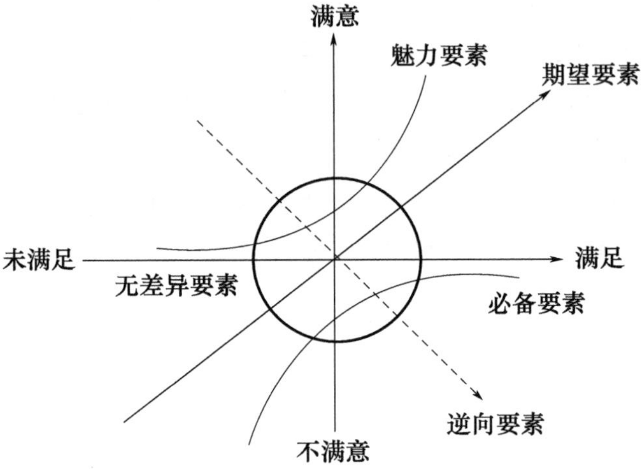

图 2-3　魅力质量理论模型

2.3　理论模型与分析框架

基于前文核心概念的界定与 ERG 需求理论、魅力质量理论的运用，本书围绕研究内容提出了理论模型与分析框架，具体如图 2-4 所示。

一方面，从需求概念出发，现有研究大多按照服务项目差异，对养老服务进行划分。但按养老服务项目分类，实质上是从供给为主的角度提供为老服务，忽略了老年人自身的意愿，即这些供给的服务项目对老年人来说是否真正需要。特别是针对独居老人等特殊老人群体，这类老年人需求与非独居老人差异较大，如仅通过"撒胡椒面"式同质化供给，则必然会导致供需两侧失衡的困境。因此，本书聚焦老年人真实需求，引入需求管理领域最为广泛使用的魅力质量理论，将养老服务划分为必备需求、期望需求及魅力需求。依据各项服务在 Kano 模型中的层次归属与优先级区别，保障必备因素、高质量提供期望因素，更高地满足魅力因素。

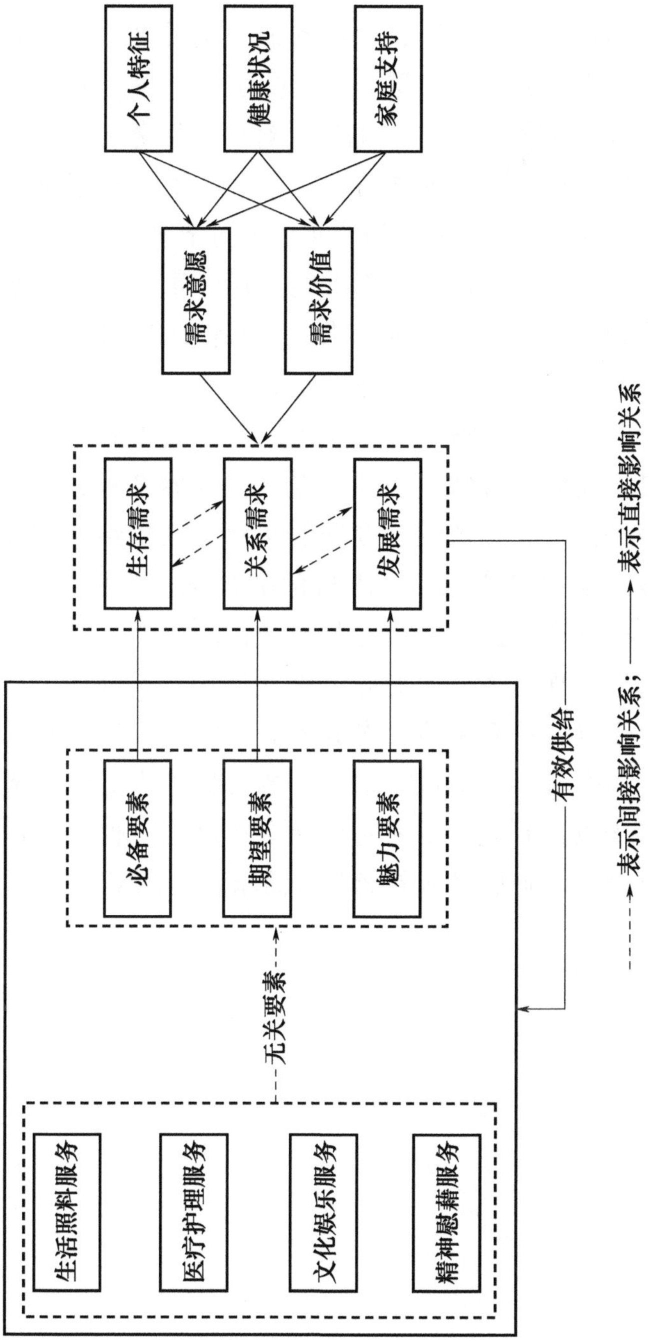

图 2-4　独居老人养老服务需求分析理论模型

另一方面，从需求性质来说，划分后的必备类养老服务倾向于 ERG 理论的“生存需求”；关系和成长类养老服务则是在生存之上，要求更高的成长发展层面，反映了“归属、自尊和自我实现”或“关系和成长”需求。老年人对各类服务的需求将同时存在，各层次需求存在差异的同时，三个层次的需求根据不同独居老人所处的生活状态不同，可以向上或向下转化。根据 ERG 理论，在剔除养老服务项目中的无关需求后，重新将养老服务项目按需求划分为生存类养老服务需求、关系需求以及成长需求，并对各类服务的需求现状、趋势进行分别探讨。

在厘清需求概念与需求层次关系之后，更重要的也是本书关注的主题是，如何针对性地为独居老人提供养老服务，同时如何保证养老服务供给的有效性。根据前文对有效供给的定义，有效供给指的是匹配需求意愿和需求价值的最优养老服务配置方案。不难发现，实现有效供给的前提是有效需求分析。因此，本书通过实证分析划分独居老人养老服务满足层次并研究各层次养老服务需求影响因素，从而厘清养老服务有效需求。结合有效需求与供给能力，本书最终提出现有条件下的独居老人养老服务有效供给对策。基于以往研究，本书主要从个体特征、健康状况、家庭支持三个方面考虑独居老人养老服务需求影响因素。

3　独居老人养老服务需求调查与分层

3.1　独居老人养老服务需求调查

3.1.1　调查过程

为了充分概括陕西省独居老人养老服务需求现状、社区对该类群体养老服务的供给现状以及各级政府相关部门主要负责人员对独居老人群体养老服务未来发展的建议，研究人员于 2019 年 7 月在陕西进行了独居老人访谈式问卷调查。本次调查运用多阶段分层整群随机抽样方法。首先，运用分层随机抽样方式，根据陕西省区域分布分别在陕北、关中、陕南抽取延安、宝鸡、汉中 3 个市作为第一层。其次，在每个市抽取 2 个区（县）作为第二层，共 6 个区（县）。再次，运用简单随机抽样的方式，从每个区（县）随机抽取 2 个街道办（乡镇）作为第三层，共 12 个街道办（乡镇）。最后，随机从每个街道办（乡镇）中抽取 2 个社区（机构）作为第四层，共 24 个社区（机构），进行整体访谈式问卷调查。抽样地区统计结果如表 3-1 所示。

确定调研地点后，采用调查对象集中填写和调查员走访入户的方式，对每个社区和养老机构随机抽样独居老年人进行访谈式问卷调查。除此之外，在各市、区（县）开展座谈会，选取各级民政局的 1 ~ 2 名参会人员进行深度访谈，并收集独居老人养老服务等相关政策文件。最终共收集 128 份独居老人问卷。另外收集

142 份政府、社区工作人员访谈记录，以及 143 份政策文件、工作总结、数据表格等资料。

表 3-1 抽样地区统计结果

<table>
<tr><th>城市</th><th>抽取的区（县）</th><th>抽取的社区（机构）</th></tr>
<tr><td rowspan="8">延安市</td><td rowspan="6">宝塔区</td><td>宝塔区慧泽社区</td></tr>
<tr><td>宝塔区凤凰山社区</td></tr>
<tr><td>宝塔区东关街社区</td></tr>
<tr><td>宝塔区赵台村</td></tr>
<tr><td>宝塔区夕阳红老年公寓</td></tr>
<tr><td>延安市惠泽老年服务中心</td></tr>
<tr><td rowspan="2">子长县</td><td>子长县余家坪镇郝家川村</td></tr>
<tr><td>子长县迎宾路社区</td></tr>
<tr><td rowspan="8">宝鸡市</td><td rowspan="5">渭滨区</td><td>新开路社区</td></tr>
<tr><td>金渭路社区</td></tr>
<tr><td>安沟村</td></tr>
<tr><td>南苑老年公寓</td></tr>
<tr><td>福乐老年公寓</td></tr>
<tr><td rowspan="3">陈仓区</td><td>铁道南社区</td></tr>
<tr><td>厂区街道社区</td></tr>
<tr><td>北坡村</td></tr>
<tr><td rowspan="8">汉中市</td><td rowspan="4">汉台区</td><td>汉台区人民路社区</td></tr>
<tr><td>汉台区东塔路社区</td></tr>
<tr><td>汉台区铺镇狮子村</td></tr>
<tr><td>汉台区东方老年公寓</td></tr>
<tr><td rowspan="4">城固县</td><td>城固县城东社区</td></tr>
<tr><td>城固县中山街社区</td></tr>
<tr><td>城固县桔园镇陈家湾村（刘家营）</td></tr>
<tr><td>城固县松鹤老年公寓</td></tr>
</table>

3.1.2　样本描述

样本的基本信息是指实地调研中获取的被调查老年人基本的个人信息，包括年龄、性别、文化程度、婚姻状况、户籍状况、收支状况。具体数据如表 3-2 所示。

表 3-2　独居老人样本信息

变量	分类	频数	频率/%
年龄	60～69 岁	38	29.7
	70～79 岁	55	43.0
	80～89 岁	34	26.6
	90～99 岁	1	0.8
性别	男	31	24.2
	女	97	75.8
文化程度	小学及以下	69	53.9
	初中	30	23.4
	中专/高中	20	15.6
	大专	7	5.5
	本科及以上	2	1.4
婚姻状况	未婚	2	1.4
	已婚	11	8.6
	离异	6	4.7
	丧偶	109	85.2
户籍状况	城镇	82	64.1
	农村	46	35.9
上一年度收支状况	收不抵支	62	48.4
	收支基本平衡	32	25
	盈余	34	26.6

在年龄方面，独居老人的平均年龄为74.15岁，从低到高各层次老人占比分别为29.7%、43.0%、26.6%、0.8%，可以发现中龄独居老人数量最多，高龄独居老人数量相对较少；在性别构成方面，女性独居老人占比75.8%，明显多于男性；在婚姻状况方面，接近90%的独居老人是丧偶或离异导致的独居，未婚或已婚分居老人数量较少，仅为10%，说明大部分独居老人是由于客观原因不得不处于独居状态，有摆脱独居困境的倾向。在文化程度方面，反映出独居老人整体文化水平较低，77.3%的老年人文化程度为初中、小学及以下，仅有1.4%的老年人为本科及以上学历。在收支状况方面，独居老人生活水平相对较差，近50%的独居老人上一年度存在收不抵支的情况，只有26.6%的独居老人能在负担自身支出后有盈余。

在生理健康方面，本书根据自评健康、老年慢性疾病患病数量两个指标对独居老人生理健康状况进行评估，如表3-3所示。在自评健康方面，独居老人大多认为自己“还算健康”，接近一半（49.22%）的独居老人自我评价健康状况良好，27.34%的独居老人觉得身体状况一般，23.44%的独居老人自我感觉身体不如从前一般健康。在患病情况方面，有15名老年人患冠心病、癌症等需住院治疗的大病，54.69%的老年人罹患高血压、慢性支气管炎、骨关节病等慢性病。综合上述，独居老人样本情况基本符合我国独居老人特征画像，可以概括为“五多五少”，即女性独居老人多，男性独居老人少；丧偶独居老人多，配偶健在独居老人少；低学历独居老人多，高学历独居老人少；经济状况差的独居老人多，生活富裕的独居老人少；患慢性病的独居老人多，获得照护的独居老人少。

表 3-3　独居老人健康状况

名称	选项	频数	百分比/%	累积百分比/%
自评健康	很差	7	5.47	5.47
	比较差	23	17.97	23.44
	一般	35	27.34	50.78
	比较好	49	38.28	89.06
	很好	14	10.94	100.00
需住院治疗的大病	否	113	88.28	88.28
	是	15	11.72	100.00
慢性病	否	58	45.31	45.31
	是	70	54.69	100.00
合计		128	100.0	100.0

3.1.3　独居老人养老服务需求现状

根据题目“您需要社区/机构提供哪些服务内容”，得出陕西省三市独居老人养老服务需求现状如表 3-4 所示。在独居老人生活照料类养老服务需求中，助餐服务、卫生服务、代办服务、应急救援、安全保障、智慧养老生活服务的需求占比分别为 57.0%、43.8%、42.2%、41.4%、35.2%、15.6%，其中需求最高的为助餐服务；在医疗护理类养老服务需求中，独居老人整体对医疗护理服务需求度较高，其中健康管理、上门诊断两项养老服务在独居老人群体中需求占比最高，分别为 53.1%、49.2%，康复护理类养老服务需求占比最低，仅有 12.5% 的独居老人认为需要该类养老服务；在文化娱乐类养老服务需求中，独居老人对文艺表演最感兴趣，超过一半的独居老人认为提供文艺表演是有必要的，与此同时，智慧养老文娱服务普及度不高，独居老人由于老年鸿沟等原因对智慧养老文娱服务（线上老年兴趣小组、线上老年课堂、智能产品体验等）接受度不高，需求占比仅为 11.7%；在精神慰藉类养老服务需求中，独居老人整体精神需求比非独居老人高，其中心理咨询与疏导、陪同聊天两项服务需求最高，需求占比分别为 31.3% 和 27.3%。

表 3-4　陕西省三市独居老人养老服务需求现状

服务类型	服务项目	需求人数	需求比例/%
生活照料	助餐服务	73	57.0
	卫生服务	56	43.8
	代办服务	54	42.2
	应急救援	53	41.4
	安全保障	45	35.2
	智慧养老生活服务	20	15.6
医疗护理	健康管理	68	53.1
	上门诊断	63	49.2
	社区/机构内医疗	54	42.2
	陪同就医	46	35.9
	康复护理	16	12.5
	智慧养老医护服务	30	23.4
文化娱乐	老年兴趣小组	50	39.1
	文艺表演	69	53.9
	棋牌活动	46	35.9
	知识讲座	41	32.0
	智慧养老文娱服务	15	11.7
精神慰藉	心理咨询与疏导	40	31.3
	陪同聊天	35	27.3
	读书读报	29	22.7
	定期上门或电话探访	34	26.6
	婚姻中介	4	3.1

3.2　基于 Kano 模型的独居老人养老服务需求分层

独居老人养老服务需求分层，是指对独居老人生活照料、医疗护理、文化娱乐以及精神慰藉类养老服务项目的依赖程度与期待程度差异进行分析，并对服务之间的重要性差异进行排序。根据前文需求调查结果，独居老人养老服务需求呈现差异化、多层次等特点，如果使用同质化方式供给所有独居老人养老服务项目，那么必然会导致供给低效与偏差。通过对独居老人养老服务进行需求层次划分，则可以解决这一问题。分层后的养老服务可以明显区分强弱需求，也可以根据分层结果合理配置养老服务资源，提高独居老人养老服务供给效率。因此，本节基于需求调查数据，在借鉴 Kano 模型的基础上，结合（满意—不满意）Better-Worse 系数，构建独居老人养老服务需求层次模型。

3.2.1　Kano 模型构建

1）分析方法

魅力质量理论及其 Kano 模型的内涵可以理解为服务方提供的内容与满意度的内在关联，二者之间存在着显著的线性或者非线性干扰。后者作为前者的一种载体，能够按照服务供给和满意度的内在关联，对双方需求层次进行排序。在此次分析过程中，作者利用传统的 5 分法对不同需求层次归属予以分类，即必备要素（M）、期望要素（O）、魅力要素（A）、无差异要素（I）和反向（逆向）要素（R）。为了能够让其排序更为科学与规范，在接下来的分析中，本书会借助 Better-Worse 系数予以对比和排列。

Better 系数计算公式为

$$\text{Better (SI)} = (A + O) / (A + O + M + I) \qquad (3\text{-}1)$$

Worse 系数计算公式为

$$Worse\ (DI) = (O+M) / (A+O+M+I) \times (-1) \tag{3-2}$$

通常情况下，Better 系数都是正数，意味着该项服务具有一定的功能性时，对于促进满意度的提升会起到积极作用，而且这个指标与 1 越近时，积极作用越明显，对于满意度提升的作用也会更为显著；相比而言，Worse 系数都是小于 0 的负数，与 Better 系数数值、作用都正好相反。因此，在明确二者的具体指标之后，绝对值较高的一些属性最为重要，理应对其优先升级。根据上述操作方法，将其应用于独居老人养老服务领域，根据模型分析计算结果，并依据结果指导有效需求的满足。

2）变量选择

养老服务的内容的确定，是对独居老人养老服务进行 Kano 模型需求分析的关键和基础内容，直接影响到整体研究的合理性、操作性、现实性与最终价值。本研究结合前文养老服务定义，采取更为严格的狭义养老服务的定义，将养老服务需求分为生活照料、医疗护理、文化娱乐、精神慰藉 4 类共计 22 项服务。具体纳入讨论的养老服务项目如表 3-5 所示。

表 3-5　养老服务项目

一级指标	二级指标	三级指标		
生活照料	A1 助餐服务	老年餐桌	上门做饭	送餐配餐
	A2 卫生服务	清理打扫	衣物清洁	个人卫生
	A3 代办服务	代购物品	代办代缴	
	A4 应急救援	紧急呼叫	应急援助	应急维修
	A5 安全保障	安全指导	定期检查探访	出行陪护
	A6 智慧养老生活服务	电话订餐	预约家政	网上购物

续表

一级指标	二级指标	三级指标		
医疗护理	A7 健康管理	健康讲座	定期体检	疾病预防
		健康档案	慢性病维护	
	A8 上门诊断	家庭病床	上门看病	
	A9 社区/机构内医疗			
	A10 陪同就医			
	A11 康复护理	术后康复	护理服务	临终关怀
	A12 智慧养老医护服务	健康监测	远程健康咨询	网上家庭医生
文化娱乐	A13 老年兴趣小组			
	A14 文艺表演			
	A15 棋牌活动			
	A16 知识讲座			
	A17 智慧养老文娱服务	线上老年兴趣小组	线上老年课堂	智能产品体验
精神慰藉	A18 心理咨询与疏导			
	A19 陪同聊天			
	A20 读书读报			
	A21 定期上门或电话探访			
	A22 婚姻中介			

3）信度和效度检验

本书采用 Kano 模型进行研究之前，先对 Kano 模型数据问卷中的量表部分进行了信度和效度检验，结果表明，信度分析和效度分析均通过检验，可以运用 Kano 模型进行独居老人问题研究。

(1) 信度分析

本书采用克龙巴赫 α 系数检验 Kano 模型问卷信度，由于 Kano 模型问卷是通过服务的有无进行正反对比得出需求的强弱，因此问卷具有正反两个维度。作者首先将总体问卷分成正向问题和反向问题两个部分进行信度测量，得到的正向问题 α 系数为 0. 808，反向问题 α 系数为 0. 936，均高于 0. 8；分项目看，生活照料服务正向 α 系数为 0. 675，反向 α 系数为 0. 742，均高于信度分析要求的 0. 6，其余服务也均通过了正向、反向信度检验，整体信度分析结果良好，如表 3-6 所示。

表 3-6 Kano 模型问卷分模块信度分析

模块	题号	正向问题 α 系数	反向问题 α 系数
生活照料服务	1 ~ 12	0. 675	0. 742
医疗护理服务	13 ~ 24	0. 671	0. 866
文化娱乐服务	25 ~ 34	0. 622	0. 871
精神慰藉服务	35 ~ 44	0. 716	0. 822
总体问卷	1 ~ 44	0. 808	0. 936

(2) 效度分析

效度分析体现问卷设计的准确性和有效程度，常用于测量问卷题项设计是否合理。本书采用 KMO 检验和巴特利特 (Bartlett) 球形检验两种方法对变量进行检验，效度直观反映了测量结果与调查内容的吻合程度。一般而言，当 KMO 值大于 0. 7 且巴特利特球形检验结果显著时，就可以认为量表具备良好的效度，适合因子分析。表 3-7 是量表效度检验结果，各变量均通过检验，说明整体测量问卷通过效度检验。

表 3-7　量表效度检验结果

题目类型	KMO 值	巴特利特球形检验	*df*	*p*
正向问题	0.745	786.633346	231	0.000
反向问题	0.917	1703.785	231	0.000
综合问题	0.767	3249.107	946	0.000

3.2.2　独居老人养老服务需求的整体性分析

利用 Kano 模型对独居老人养老服务需求进行双向问答，得出 Kano 模型独居老人养老服务需求分类结果如表 3-8 所示。通过传统 Kano 模型的 5 种层次划分，独居老人养老服务有 13 项服务具有一定的需求层次，其中 9 项服务属于无差异要素，13 项有需求的服务中具体包括 5 项必备要素（M）、5 项魅力要素（A）以及 3 项期望要素（O）。

表 3-8　Kano 模型需求分类结果

养老服务项目	A	O	M	I	R	分类结果
助餐服务 A1	7.81%	24.22%	47.66%	15.63%	4.69%	必备要素
卫生服务 A2	3.91%	6.25%	36.72%	52.34%	0.78%	无差异要素
代办服务 A3	21.09%	17.97%	14.06%	45.31%	1.56%	无差异要素
应急救援 A4	15.63%	31.25%	34.38%	13.28%	5.47%	必备要素
安全保障 A5	7.81%	35.16%	12.50%	42.97%	1.56%	无差异要素
智慧养老生活服务 A6	34.38%	23.44%	28.91%	13.28%	0.00%	魅力要素
健康管理 A7	8.59%	5.47%	46.09%	35.94%	3.91%	必备要素
上门诊断 A8	20.31%	28.91%	12.50%	36.72%	1.56%	无差异要素
社区/机构内医疗 A9	17.19%	18.75%	44.53%	18.75%	0.78%	必备要素

续表

养老服务项目	A	O	M	I	R	分类结果
陪同就医 A10	14.06%	25.78%	35.16%	22.66%	2.34%	期望要素
康复护理 A11	27.34%	21.09%	21.88%	28.91%	0.78%	无差异要素
智慧养老医护服务 A12	36.72%	14.84%	18.75%	29.69%	0.00%	魅力要素
老年兴趣小组 A13	40.63%	18.75%	12.50%	28.13%	0.00%	魅力要素
文艺表演 A14	33.59%	20.31%	11.72%	30.47%	3.91%	魅力要素
棋牌活动 A15	17.97%	21.09%	11.72%	46.09%	3.13%	无差异要素
知识讲座 A16	37.50%	14.06%	17.19%	31.25%	0.00%	魅力要素
智慧养老文娱服务 A17	23.44%	11.72%	14.84%	50.00%	0.00%	无差异要素
心理咨询与疏导 A18	25.00%	51.56%	14.06%	8.59%	0.78%	期望要素
陪同聊天 A19	10.94%	49.22%	24.22%	14.84%	0.78%	期望要素
读书读报 A20	7.81%	22.66%	47.66%	20.31%	1.56%	必备要素
定期上门或电话探访 A21	19.53%	14.06%	13.28%	53.13%	0.00%	无差异要素
婚姻中介 A22	9.38%	7.81%	5.47%	65.63%	11.72%	无差异要素

注：A—魅力属性；O—期望属性；M—必备属性；I—无差异属性；R—反向属性。

1）必备要素

必备要素（M）是独居老人最需要、满足层次最高的服务。独居老人对必备要素类养老服务具有强依赖性，必备要素得到满足不一定会提高独居老人的满意程度，但若必备要素类养老服务得不到满足，老人则会产生强烈的不满情绪。结果显示，必备要素包括生活照料服务中的助餐服务（A1）、应急救援（A4），医疗护理服务中的健康管理（A7）、社区/机构内医疗（A9）以及精神慰藉服务中的读书读报（A20）。

2）期望要素

期望要素（O）是与满意度呈现线性影响关系的服务种类，是在必备要素满足基础上优先满足的服务内容。结果显示，独居老人期望要素与普通老人略有差异。根据以往学者研究，城市社区老年人期望要素均集中于医疗保健类服务，反映出老年人对健康维护的注重。但对独居老人养老服务的需求分层发现，独居老人期望要素更倾向于精神慰藉类养老服务，期望要素显示为陪同就医（A10）、心理咨询与疏导（A18）、陪同聊天（A19）。

3）魅力要素

魅力要素（A）是超出独居老人预期的养老服务种类。魅力要素类养老服务的缺失不会太降低养老服务满意度，但若提供魅力要素类养老服务可以大幅提升老年人养老服务满意度，因此，魅力要素类养老服务是我国独居老人养老服务多层次高质量发展的主要方向。结果显示，魅力要素中包含1项生活照料类养老服务、1项医疗护理类养老服务以及3项文化娱乐类养老服务，分别为智慧养老生活服务（A6）、智慧养老医护服务（A12）、老年兴趣小组（A13）、文艺表演（A14）以及知识讲座（A16）。实际上，魅力要素是具有研究价值的服务种类，因为魅力因素是在服务有效供给基础上，实现高效供给的决定因素。但魅力要素往往也是被忽略的一类服务。一方面，与其他类别的服务相比，魅力要素属于“锦上添花”的服务，若提供则能大幅提高独居老人养老服务满意度，与此同时，哪怕这类服务缺失也不会降低独居老人满意度，因此，在以往追求服务全覆盖的初级发展阶段，魅力要素往往被忽略，其发展尚未得到重视。归纳魅力要素类服务，可以发现都是属于“老有所乐”类养老服务。一方面，说明独居老人对智慧类、文娱类的养老服务接触较少，另一方面，说明独居老人对这类服务的潜在需求尚未被激发兑现。

4）无差异要素

无差异要素（I）正如字面意思，该类服务的提供或者缺失都不会带来独居老人满意度的升高（降低），分析无差异要素能更精准地识别独居老人养老服务需求，同时可以实现养老资源的最大化利用。结果显示，有9项服务归属于无差异要素，分别是卫生服务（A2）、代办服务（A3）、安全保障（A5）、上门诊断（A8）、康复护理（A11）、棋牌活动（A15）、智慧养老文娱服务（A17）、定期上门或者电话探访（A21）、婚姻中介（A22）。无差异要素层是所有层次归属中服务最多的一层，这说明目前我国养老服务供给对独居老人来说，存在供需偏差。

综上所述，通过对独居老人养老服务整体层面需求的划分，显示出各层次服务数量的差序分布，即5项必备要素（M）、5项魅力要素（A）、3项期望要素以及9项无差异要素。同时，在内容分布上，整体呈现出独居老人对精神慰藉类养老服务的需求层次较高的倾向，在生活、医疗类必备要素满足的基础上，有着较高的精神需求，同时也体现出对关系、智慧类服务的潜在需求。另外，结果也反映出我国养老服务同质性、低效性的特点，目前供给的服务中9项服务为独居老人不关心、不需要的项目，例如上门诊断等服务，针对这几类服务，应该深究独居老人不关心的原因，并合理配置资源，实现养老服务有效供给。

3.2.3 Better-Worse 系数分析

前文根据传统的Kano模型划定了独居老人养老服务需求类型。当某一要素占比最大时，则选取该要素作为对应服务项目的需求层次。这种分类方式能从整体对养老服务进行划分，但对养老服务需求分层较为粗糙，也无法比较同一层次养老服务需求的优先序，忽视了项目中的其他属性，会造成样本数据的浪费。如康复护理服务（A11）在魅力要素类别中占比为27.34%，在无差异要素类别中占比为28.91%，最终归类为无差异要素，但实际上，这两类要素差距仅为1.57%。

因此，根据前文模型构建，运用改进后的Better-Worse系数分析法解决这一问题。各项服务的系数测算结果如表3-9所示。

表3-9　Better-Worse系数分析结果

功能/服务	Better	Worse
助餐服务 A1	33.61%	-75.41%
卫生服务 A2	10.24%	-43.31%
代办服务 A3	39.68%	-32.54%
应急救援 A4	49.59%	-69.42%
安全保障 A5	43.65%	-48.41%
智慧养老生活服务 A6	57.81%	-52.34%
健康管理 A7	14.63%	-53.66%
上门诊断 A8	50.00%	-42.06%
社区/机构内医疗 A9	36.22%	-63.78%
陪同就医 A10	40.80%	-62.40%
康复护理 A11	48.82%	-43.31%
智慧养老医护服务 A12	51.56%	-33.59%
老年兴趣小组 A13	59.38%	-31.25%
文艺表演 A14	56.10%	-33.33%
棋牌活动 A15	40.32%	-33.87%
知识讲座 A16	51.56%	-31.25%
智慧养老文娱服务 A17	35.16%	-26.56%

续表

功能/服务	Better	Worse
心理咨询与疏导 A18	77.17%	-66.14%
陪同聊天 A19	60.63%	-74.02%
读书读报 A20	30.95%	-71.43%
定期上门或者电话探访 A21	33.59%	-27.34%
婚姻中介 A22	19.47%	-15.04%

根据表3-9，首先，计算 Worse 值、Better 值的绝对值的平均值，分别为0.428 与0.468，将其分别作为横坐标和纵坐标，并以该点作为坐标原点，构建22 个养老服务项目四象限图（见图3-1）。其中，第一象限为期望要素，第二象限为魅力要素，第三象限为无差异要素，第四象限为必备要素，并且据此 Better 值大小进一步分析服务需求被优先提供和改善的原则。Better 值越大，该类独居老人养老服务需求优先序越高，即应该被优先满足，则可以最终确定22 个独居老人养老服务需求项目的重要程度。

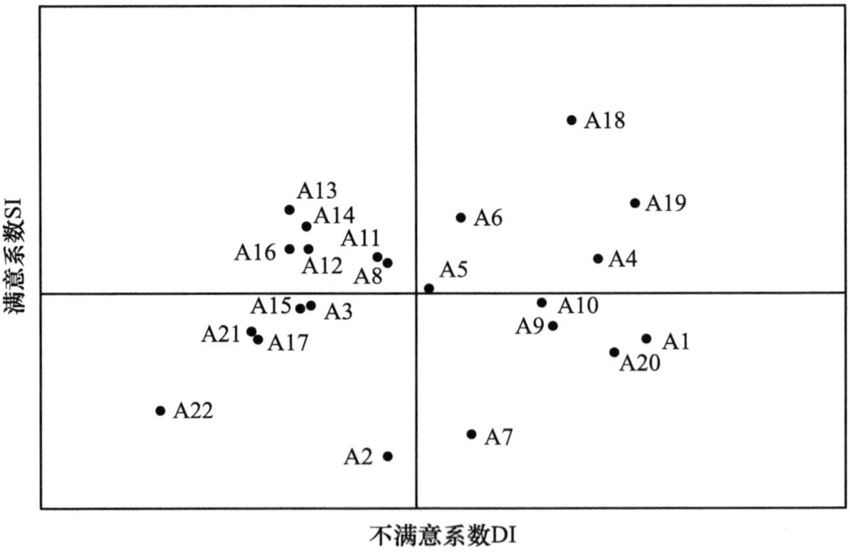

图3-1　养老服务项目四象限图

在Kano模型细分下，大部分独居老人养老服务项目在各需求层次中划分与传统模型划分相比，两者的划分结果较为一致，无论是在传统模型或是细分模型中，都为统一要素，保持了很好的一致性，如助餐服务（A1）等；但部分服务却存在一定的差异，需求满足优先序也发生了改变。下面分要素对变化的独居老人养老服务项目进行讨论。

1）必备要素

必备要素中，陪同就医（A10）服务的需求类别归属存在较大变化。陪同就医服务作为医疗护理服务之一，按整体需求层次划分，下属于期望要素（O），而在层次细分下划分为必备要素（M），需求层次明显提升，这表明传统划分方式存在模糊性、笼统性，可能忽略真实、有效需求层次，进而造成需求层次低估的问题；同时，依据需求层次归属的变化，陪同就医服务的缺失会使独居老人满意度大幅下降，而非期望要素归属下的线性作用。其余必备要素在细分模型中层次并未发生改变，细分后的必备要素包括生活照料服务中的助餐服务（A1）、医疗护理服务中的健康管理（A7）、社区/机构内医疗（A9）、陪同就医（A10）以及精神慰藉服务中的读书读报（A20）。可见，独居老人对医疗护理服务依赖性较为突出，一方面，健康状况不佳的独居老人需要保证医疗服务的可及性，另一方面，健康状况良好的独居老人也表达了“担心未来身体不好，有备无患”的观点。

2）期望要素

就期望要素而言，需求项目发生了较大的变化。除心理咨询与疏导（A18）、陪同聊天（A19）两项服务需求层次保持不变外，应急救援（A4）服务需求层次由必备要素下降为期望要素，安全保障（A5）、智慧养老生活服务（A6）需求层次分别由无差异要素、魅力要素提升至期望要素，需求层次大幅提升。细分后的期望要素包括生活照料服务中的应急救援（A4）、安全保障

（A5）、智慧养老生活服务（A6），以及精神慰藉服务中的心理咨询与疏导（A18）、陪同聊天（A19）。从期望要素可以明显体现出独居老人养老服务需求的特殊性。分析期望要素层次的需求内容特征，独居老人对安全型服务和精神型服务两方面较为关注，这类服务对独居老人满意度呈线性影响，因此需要保证其高质量发展。

3）魅力要素

魅力要素中，细分后的 Kano 模型在考虑了项目中的其他属性后，部分无差异要素中的需求属性得到重视，最终细分后的魅力要素包含 3 项医疗护理类养老服务以及 3 项文化娱乐类养老服务，分别为上门诊断（A8）、康复护理（A11）、智慧养老医护服务（A12）、老年兴趣小组（A13）、文艺表演（A14）以及知识讲座（A16）。概括魅力要素类服务的内容特质，可以发现独居老人对非基础类的医疗服务和文化娱乐类养老服务比较感兴趣。说明由于普及性不足或不了解等其他原因，独居老人对该类养老服务接触度不高，若提供此类养老服务，独居老人会有“眼前一亮”的感受，是属于超出独居老人预期的服务，能使满意度大幅提升。因此，魅力要素可以为我国高质量、多层次提供独居老人养老服务提供理论参考。

3.2.4 独居老人养老服务需求层次模型

根据上述分析，结合 ERG 理论，将必备要素归类为生存类养老服务需求，期望要素归类为关系需求，魅力要素归类为成长需求，在剔除独居老人依赖度和期待度都不高的无差异要素后，按照“必备要素 > 期望要素 > 魅力要素”的顺序，以及同类需求“Better 值越高，优先级越高”的规则对独居老人养老服务项目进行优先级排序，得到独居老人养老服务需求层次模型如图 3-2 所示。

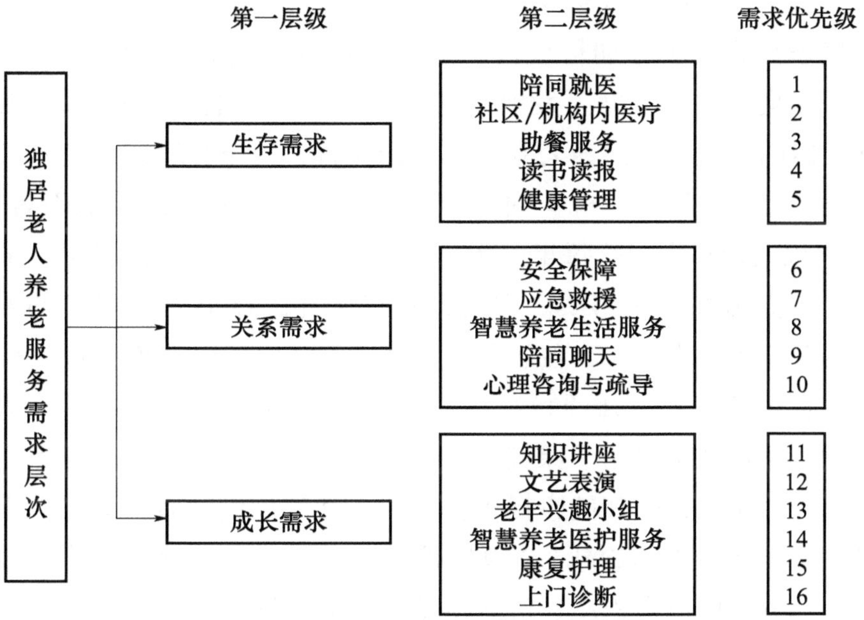

图 3-2 独居老人养老服务需求层次模型

3.3 本章小结

新时代养老服务多层次、高质量发展已成必然趋势，综合上述分析结果，独居老人养老服务需求整体的确可分为生存、关系和发展三个层次，但分析需求现状可知，独居老人需求在层次内容特殊的同时，还存在“高依赖性”和“低期待性”并存的现象，各层次需求不应该也不能同时等量满足。在说明独居老人需求特殊性的同时，更应该深挖需求特殊之所在，发展之困境，变化之逻辑，才能立足独居老人养老服务需求现实寻找有效供给路径。因此，除上述技术性分析外，从学理层面对需求内涵、成因进行剖析，有助于后续针对需求精准施策，避免供给无效性、同质性。

独居老人需求特殊性体现在三方面，分别是基础医疗类养老服务、精神慰藉类养老服务依赖性高；保健医疗类养老服务、文化娱乐类养老服务期待性高；生活照料类养老服务由基本“生存”转向“多元智慧”发展。究其成因，是我国养老服务供给现状决定的。随着我国养老服务体系的完善，健康管理已经基本实现全覆盖，且社区、机构内医疗基本普及。就调研地情况而言，60 岁以上老年人享受每年一次免费体检，“十五分钟养老圈”的概念被提出并逐步落实。因此，随着保健医疗类养老服务的普及，其需求层次提升，独居老人对基本医疗服务由“期待性”转变为“依赖性”。与此同时，在资源有限的情况下，基本医疗服务的广泛普及也限制了保健医疗服务的发展。医疗护理服务目的都是为独居老人生理健康提供保障，但社区提供的服务仅为健康护理，类似“上门诊断”“康复护理”等针对性医疗服务供给较少，部分社区没有资质、资源供给该类养老服务。医疗护理服务的供给低水平导致医疗护理类养老服务需求层次存在较大差异。另外，独居老人的精神需求比普通老人更高，独自居住的生活状态导致独居老人期待沟通，心理状态较差，需要专业的心理咨询与疏导。

独居老人与非独居老人相比，前者的需求比较特殊。已有的养老服务多数以非独居老人的需求为主，少有针对独居老人特点提供的养老服务。但事实上，在具有基本行动能力的基础上，独居老人生活上更乐意选择自我满足的方式，以及更具自主选择性质的生活养老服务，这为智慧养老产业的发展开创了良好的条件。另外，精神慰藉类养老服务由于其本身具有成本高、专业性强等特点，所以发展缓慢，整体的服务水平十分有限。

根据独居老人养老服务需求分析结果不难看出，独居老人与非独居老人在服务需求上呈现较大出入。因此，如果一直按照现在的养老服务供给模式，即将“老年人”作为整体，“撒胡椒面”式供给养老服务必然会带来问题。如果仍然通过同质化养老服务供给方式，为老人提供简单的温饱、出行等服务，就无法满足老年人多层次需求。只有在满足老年人的个性化需求下，为其提供针对性的服务，独居老人的潜在需求才会被激发。根据需求提高有效性，才能更好地契合独居老人养老服务需求，更有效地提高该类老人的满意度和认同感。这也正是本书分析独居老人需求和针对性供给养老服务的意义所在。

4 独居老人不同需求层次养老服务需求影响因素分析

由独居老人养老服务需求调查与需求层次分析可以了解到，我国独居老人需求存在一定的特殊性。首先，从需求频率上看，独居老人养老服务需求频率低，服务利用的意愿较弱。其次，从需求广度上看，目前的服务项目也无法满足老年人多样化的服务需求，部分独居老人关系、发展等高层次需求尚未得到关注。事实上，独居老年人的需求受到包括个体特征、健康状况等在内的各种因素影响，挖掘影响独居老年人需求的关键因素对于了解独居老人有效的服务需求，从而达到养老服务有效、高效供给具有重要意义。因此，本章针对独居老人养老服务需求的影响因素运用计量模型进行实证分析。

4.1 模型设定

根据前文对文献的回顾，以往研究通常会由于研究对象的性质不同而选择不同的分析模型。常用的模型有逻辑回归模型、样本选择（Tobit）模型等。本书被解释变量为养老服务需求强度，按需求层次分类计算取值区间为 0 ~ 5。被解释变量赋值的数字越大，表明该类养老服务需求强度越大，由此可知，被解释变量是一个典型的有序变量，因此应用有序逻辑回归模型分析关键影响因素。

模型形式为

$$P = (y = m \mid x_m) \frac{1}{1 + e^{(-\alpha + \beta x_i)}} \quad (4\text{-}1)$$

由式（4-1）可建立有序逻辑回归模型，即

$$y = \ln \frac{P(y \leqslant m)}{1 - P(y \leqslant m)} = \alpha + \beta X + \mu \quad (4\text{-}2)$$

式中，y 是独居老人养老服务需求强度为某种情况的可能性；X 是可能会影响需求强度 y 的特征组合对应自变量向量；α 是常数项；β 是待估计的参数向量；μ 是干扰项。

4.2　指标选取和变量说明

4.2.1　被解释变量

根据前文对需求的定义，需求包括养老服务需求意愿和养老服务需求价值。养老服务需求意愿指的是独居老人是否需要此养老服务项目，养老服务需求价值则是结合前文 Kano 模型对养老服务的分层，指的是独居老人对某一层次养老服务需求种类的数量，两个定义内涵分别代表需求既包括存在性，又包括存在量。因此，本书借鉴郭竞成（2012）研究，采用需求强度作为被解释变量概括性衡量独居老人养老服务需求。[76]需求强度将独居老人存在前文定义的任一项养老服务需求赋值为 1，没有则赋值为 0，最后将赋值加总得到养老服务需求强度的指标，总分值越高，表明独居老人对该层次养老服务的需求强度越大。采用需求强度指标弥补了部分研究只分析养老服务需求有无的缺陷，在需求有无关系的基础上，考虑了需求的强度和广度对有效供给的影响，更符合需求的本质。这是一个更为具体、生动的表示独居老人养老需求的视角，更易使独居老人的需求具体化，有助于独居老人等特殊老人养老服务需求精细化研究。

本书将养老服务分为生存、关系、发展三个需求层次，对每一层次养老服务需求强度进行计算，得出各层次需求分布，如表4-1所示。总体上看，独居老人对养老服务整体需求强度不高，其中，生存类养老服务需求强度高的人数最多，占32.03%，其次为关系类养老服务需求，占17.97%，发展类养老服务需求强度最低。

表4-1　各层次养老服务需求强度分布

需求层次	需求强度	老年人数量	百分比/%
生存类养老服务需求	0	13	10.16
	1	9	7.03
	2	33	25.78
	3	32	25.00
	4	30	23.44
	5	11	8.59
关系类养老服务需求	0	24	18.75
	1	26	20.31
	2	29	22.66
	3	26	20.31
	4	12	9.38
	5	11	8.59
发展类养老服务需求	0	32	25.00
	1	30	23.44
	2	37	28.90
	3	29	22.66
合计		128	100.0

4.2.2 解释变量

针对养老服务需求影响因素的研究较多，考虑的维度也不尽相同，但大多数研究都是从个体特征、家庭状况和社会地位等方面展开研究。本研究旨在为独居老人群体提供有效的养老服务，因而在指标选取中，在考虑他人研究的科学性的基础上，不能忽视独居老人群体特殊性。相较于非独居老人，独居老人的社会支持维度表现较弱，心理健康状况较差，孤独感明显比普通老人更强。缺乏社会支持网络中最亲密的家人陪伴，独居老年人的社会支持网络需要改变其结构才能更好地适应将来的生活。然而，大部分独居老年人都是尝试加强与子女的联系来弥补缺失的那一块。当子女无法满足定期探望或生活照料等需求时，独居老人往往选择自我照顾，而很少去寻求其他人员的帮助。[77]我们可以发现，家庭支持在独居老人社会支持中起重要作用，且具有不可替代性。

基于上述独居老人特殊性的分析，在阅读大量文献和对陕西省三市一手数据的深入分析基础上，本书考虑聚焦家庭支持对独居老人养老服务需求的影响，并引入健康维度（含生理健康、心理健康），从个体特征、健康状况和家庭支持三大方面进行研究。其中，性别、年龄、婚姻状况、文化程度、收入情况五项属于个体特征维度，自评健康、慢性病数量和孤独感三个因子属于健康状况维度，家庭支持维度包括经济支持、生活照料和情感支持三个指标。

需要说明的是，变量收入情况指的是被访独居老人上一年度包含退休金、社会救助、补贴、继续工作、子女资助等在内的全年总收入。分析数据，由于独居老人收入存在差距过大的现象，为了保证分析的可靠性，采用“收入层次”（以收入四分位点划定层次）进行划分，如表4-2所示。

表 4-2　解释变量基本情况

指标	赋值	均值	标准差	预期影响
个人特征维度				
性别	男 =0，女 =1	0. 7578	0. 43009	±
年龄	60～69 岁（活力老人）=1（参照组）；70～79 岁（中龄老人）=2；80 岁及以上（高龄老人）=3	1. 9766	0. 75779	+
婚姻状况	未婚 =1（参照组）；已婚 =2；离异 =3；丧偶 =4	3. 73	0. 681	±
文化程度	小学及以下 =1（参照组）；初中 =2；中专/高中 =3；大专 =4；本科及以上 =5	1. 77	1. 006	+
收入情况	0～6000 元 =1；6001～18000 元 =2；18001～36000 元 =3；36001 元及以上 =4	2. 4803	1. 111630	+
健康状况维度				
自评健康	很差 =1；比较差 =2；一般 =3；比较好 =4；很好 =5	3. 31	1. 063	-
慢性病数量	实际值	0. 8828	0. 82882	+
孤独感	ULS-6 量表实际值	24. 2344	4. 474749	+
家庭支持维度				
经济支持	无 =0；有 =1	0. 5859	0. 49449	-
生活照料	无 =0；有 =1	0. 5000	0. 50196	-
情感支持	无 =0；有 =1	0. 6406	0. 48170	-

4.3 研究假设

4.3.1 个体特征

通过对国内外关于养老服务研究的梳理不难发现，不同个体特征的独居老年人在养老服务需求上有显著的差异。个体特征主要包括性别、年龄、婚姻状况、文化程度以及收入情况。

在性别方面，根据我国独居老人特点，存在明显的女性多、男性少的特征。在我国，女性一般承担更多的家务劳动与照顾家庭的责任，因此，在主动或被动处于独居状态下，女性独居老人的自理能力会强于男性，自我能独立养老。而养老服务需求是自我需求不足，从而产生需求意愿的，例如，自身能做饭的独居老年人更愿意居家就餐，对老年食堂等助餐服务需求意愿不强。

在年龄方面，随着年龄的增长，身体机能逐渐减退，自我照顾能力减弱，老年人会面临更多的疾病困扰，特别是家庭养老服务能力相对缺乏的独居老人。当独居老人进入中高龄阶段时，一方面，会担心出现生病无人照护的困境，另一方面，会产生与社会脱节，抑郁失落的情绪。因此，合理推测随着年龄的增长，无论是低层次的生理需求还是高层次的精神需求，独居老人的养老服务需求都会增加。

在婚姻状况方面，配偶对人的意义非凡，无论在农村还是在城市，子女所能提供的养老资源都在逐渐萎缩，配偶成为日常照料的主力，更多的老年人依靠自己和配偶养老。根据独居老人特征，我国独居老人多为丧偶老人，主动选择独居状态的老人较少。配偶健在能为独居老人提供经济、社会、精神等各层面的支持。相反地，丧偶老人缺少能依赖的配偶，一方面，存在物质生活的困难，由上述独居老人特征分析可知，大部分独居老人退休金不足以保证基本生活，若无子女经济支持则会面临经济困境；另一方面，丧偶会使独居老人对婚姻咨询、文化娱乐等关系类的养老服务需求增强，因而本书认为不同婚姻状况的独居老人中，丧偶独居老人对养老服务需求最大。

在文化程度方面，本书认为文化程度不同的老人对于养老服务的需求也不尽相同。从健康素养的角度考虑，受教育程度会影响人的健康认知和健康行为，从而对医疗护理类养老服务有更高追求，同时，文化程度高的老年人对智慧类养老服务接受度更高，对养老服务的需求层次相对较高。有研究表明，老年人受教育程度越高，生活条件越好，文化娱乐类养老服务项目需求频率越高。[78]

在收入情况方面，考虑到需求不只是需求意愿的表达，更是需求价值的体现。经济状况不佳的独居老人温饱尚存在问题，更无暇顾及自我关系和发展类的养老服务需求，该类独居老人整体养老服务需求层次低。随着经济状况的转好，老年人的需求会由生存类养老服务需求转向高层次的关系和发展类需求，这个逻辑对独居老人同样适用。

根据上述分析，针对个体特征提出如下研究假设：

H1：独居老人个体特征对独居老人养老服务需求有显著影响。

H1a：相对于女性来说，男性独居老人对养老服务需求更高。

H1b：相对于活力独居老人来说，中高龄独居老人对养老服务需求更高。

H1c：相对于未婚与已婚老人来说，丧偶独居老人对养老服务需求更高。

H1d：相对于文化程度低的老人来说，文化程度高的独居老人对养老服务的需求更高。

H1e：相对于低收入独居老人来说，高收入独居老人对养老服务的需求更高。

4.3.2 健康状况

健康状况作为独居老人特殊性的表现之一，受到了学界广泛关注。王琼（2016）曾指出身体机能是影响老年人居家养老服务需求的硬性指标。无论是身体上的还是心理上的孤僻都会导致独居老人为老服务需求的减少。[79]本书采用1946年世界卫生组织提出健康状况定义，从多方面考虑老年人的健康状况，包括自评健康状况、慢性病患病数量以及精神层面的孤独感状况。自评健康状况是研究对象对自身健康的主观感受，是调查中经常运用的变量。在老年人慢性疾病方面，慢性病逐渐成为困扰老年人的最大麻烦。数据显示，79.1%的老年人有一种或一种以上的慢性病，慢性病数量成为生理健康评估的重要维度之一。

在心理健康维度，国内外学者一致认为，相比于与他人共同居住的老人，独居老人心理状况不佳，更易罹患精神疾病。因此，本书采用老年人更易理解的6条目孤独感量表（ULS-6）对独居老人孤独感进行量化分析，ULS-6总量表内部一致性系数为0.831。[80]独居老人孤独感总分介于0~30分之间，总分越高表示该独居老人孤独感越高。

根据上述分析，针对健康状况提出如下研究假设：

H2：独居老人健康状况对独居老人养老服务需求有显著影响。

H2a：自我健康状况对独居老人的养老服务需求有显著影响，自评健康状况差的独居老人对养老服务需求更高。

H2b：患慢性病数量对独居老人的养老服务需求有显著影响，

患慢性病数量多的独居老人对养老服务需求更高。

H2c：孤独感状况对独居老人的养老服务需求有显著影响，孤独感更高的独居老人对养老服务需求更高。

4.3.3 家庭支持

家庭支持主要是指家庭的其他成员（如子女）为独居老人提供的帮助，这些帮助基本上可以分为经济支持、生活照料和情感支持三部分。[81]一方面，子女提供的直接经济支持能提高老年人的消费能力，提高老年人对生活类为老服务的利用可能性；同时，子女提供的物质经济支持（如直接为老人购买服务）能避免老年人由于节俭的心理不利用为老服务，直接提高养老服务使用率。另一方面，如果子女能定期为独居老人提供生活上的照料，那么独居老人对于社区生活类养老服务需求降低，两者是替代关系，因此家庭的生活支持会对需求起抑制作用。情感服务同理，若子女能常看望家中独居老人，陪独居老人谈心说话，那么独居老人孤独感的问题也就不会那么突出，对社区提供的陪同聊天、心理咨询等服务的需求度降低。

根据上述分析，针对家庭支持提出如下研究假设：

H3：独居老人家庭支持状况对独居老人养老服务需求有显著影响。

H3a：相对于家庭经济支持低的独居老人来说，家庭经济支持较高的独居老人对养老服务需求较高。

H3b：相对于家庭生活照料少的独居老人来说，家庭生活照料多的独居老人对养老服务需求较低。

H3c：相对于家庭情感支持低的独居老人来说，家庭情感支持高的独居老人对养老服务需求较低。

4.4 独居老人养老服务需求的影响因素分析

4.4.1 模型拟合度检验

应用多元有序逻辑回归模型的前提是进行平行线检验和整体模型有效这两个假设条件。故本书使用统计软件 SPSS22 对 128 个有效的独居老人样本养老服务三层次需求分别进行平行线检验与模型拟合度检验，得到模型拟合结果与具体参数如表4-3～表4-5 所示。由表 4-3 和表 4-4 可知，生存类（模型 1）、关系类（模型 2）、发展类（模型 3）三个模型拟合情况良好，各拟合指标均都通过假设检验。在表 4-5 中生存类（模型 1）、关系类（模型 2）、发展类（模型 3）养老服务需求 p 分别为 0.834、1.000、1.000 均大于检验标准 0.05，说明本书使用有序逻辑回归的方法进行分析有统计学意义，模型的解释力度较强。

表 4-3 拟合基本信息

类别		-2 倍对数似然值	卡方值	df	p
生存类（模型 1）	仅截距	426.479			
	最终模型	219.865	206.614	13	<0.001
关系类（模型 2）	仅截距	443.037			
	最终模型	270.083	172.953	13	<0.001
发展类（模型 3）	仅截距	353.730			
	最终模型	193.486	160.244	13	<0.001

表 4-4 拟合度检验

类别		卡方值	*df*	显著性
生存类（模型 1）	皮尔逊相关系数	291. 430	600	1. 000
	偏差	221. 785	600	1. 000
关系类（模型 2）	皮尔逊相关系数	645. 660	352	1. 000
	偏差	189. 156	352	1. 000
发展类（模型 3）	皮尔逊相关系数	349. 464	600	1. 000
	偏差	256. 020	600	1. 000

表 4-5 平行线检验

类别		-2 倍对数似然值	卡方平行线值	*df*	*p*
生存类（模型 1）	原假设	223. 172			
	常规	155. 408	67. 764	80	0. 834
关系类（模型 2）	原假设	190. 542			
	常规	180. 125	10. 417	40	1. 000
发展类（模型 3）	原假设	260. 179			
	常规	216. 200	43. 979	80	1. 000

4. 4. 2 结果讨论

利用多元有序逻辑回归模型，对独居老人养老服务需求强度的影响因素进行分析，所得结果如表 4-6 所示。由模型结果可知，纳入模型的自变量对因变量影响均通过了显著性检验。其中，对独居老人养老服务需求强度有显著正向影响的因素依次为慢性病数量、孤独感状况、家庭经济支持以及家庭生活支持。对独居老人生存类养老服务需求强度有显著负向影响的因素依次为性别（女性为参照）、自评健康状况。

1）个体特征对独居老人养老服务需求的影响

在个体特征中，性别（女性为参照）对独居老人三层次养老服务需求都呈现显著负向影响，意味着男性独居老人较女性独居老人对养老服务需求更高，依赖度更强。年龄与该类养老服务需求呈负相关，独居老人年龄越大，对养老服务需求依赖性越低。相较于活力老人，中龄老人与高龄老人对养老服务需求较低。值得注意的是，该分析结果与以往针对独居老人的研究结论有所差异。以往研究通常认为，随着年龄的增长与身体机能的退化，独居老人对各类养老服务的依赖度呈现增长趋势。其原因可能在于，囿于样本数据，本书被访独居老人基本为自理老人与半失能老人，失能老人样本量较少，而在自理能力较好的老年人群体中，活力老人精力更旺盛，更愿意使用社会养老服务。在婚姻状况方面，由于独居老人群体呈现丧偶老人与非丧偶老人区别明显的现象，因此，本书将婚姻状况变量做虚拟变量处理为是否为丧偶老人。结果显示，丧偶老人比其他老人生存类养老服务需求更高。相比其他老人，丧偶老人因丧偶生活精神受到双重打击，对各个层次的养老服务依赖度都更高。在文化程度方面，学历为初中的独居老人对养老服务需求强度最低，其次为学历为小学及以下的独居老人，学历为高中及以上的独居老人对各类养老服务需求最高。比较 *OR* 值，个体特征中对独居老人养老服务影响最大的是学历，原因是高学历独居老人接受新事物的能力较强，对养老服务了解程度和接受程度都更高。在收入情况方面，收入与独居老人养老服务需求也有显著的相关关系，收入越高的独居老人，养老服务需求强度越大，其中，收入对发展类养老服务需求的影响最大（$OR=2.178$）。收入情况在一定程度上能代表独居老人的消费水平，收入较高的独居老人消费观念相对较好，因此对养老服务需求度更高，特别是付费类养老项目（如智慧养老平台）使用情况更好。

2）健康状况对独居老人养老服务需求的影响

健康状况结果显示，自评健康正向影响服务需求水平，慢性病情况对养老服务需求产生显著的负向影响关系，同时，孤独感也对生存类养老服务需求产生显著的正向影响关系。综上可以总结得出，身体不健康的独居老人（自评健康差，慢性病多）对养老服务需求度更高；同时，经常感到孤独的独居老人对养老服务需求度更高。回归结果印证了调查中身体状况好的独居老人更愿意“自食其力”，在能够自理的情况下，部分独居老人更愿意居家自我养老，对各类养老服务需求依赖度低，期待度高。反之，身体状况较差的独居老人因身体或心理状况不佳，而本身又陷入独居困境，更需要社会养老的支持，对养老服务依赖度高，期待度低。

3）家庭支持对独居老人养老服务需求的影响

就家庭支持维度而言，三项支持对独居老人养老服务需求均通过显著性检验。但值得注意的是，在养老服务模型中，经济支持、生活支持两项支持对独居老人养老服务是显著正向影响，而家庭情感支持对独居老人养老服务却呈现显著负向影响。以生存类养老服务模型（模型1）为例，家人提供了经济、生活支持的独居老人生存类养老服务强度增幅分别为14.222倍和4.455倍，而情感支持的回归系数值为-2.387，并且呈现出较高的显著水平，意味着情感支持会对生存类养老服务需求产生显著的负向影响关系，家人提供的情感支持越少，独居老人对生存类养老服务依赖度越高。这说明，有必要将家庭提供的支持细分，家人提供不同形式的支持对独居老人社会养老服务需求的影响是不同的。

表 4-6 独居老人养老服务需求影响因素回归结果

维度	自变量	生存类养老服务（模型 1）	关系类养老服务（模型 2）	发展类养老服务（模型 3）
个体特征	性别	-2.327** (0.098)	-2.274** (0.103)	-1.444* (0.236)
	70~79 岁	-2.268** (0.103)	-1.189* (0.304)	-0.811 (0.444)
	80 岁及以上	-2.921** (0.054)	-1.634** (0.195)	-1.147* (0.318)
	丧偶老人	3.352** (0.035)	2.738** (0.065)	4.436** (0.012)
	初中	-2.045** (0.129)	-1.301* (0.272)	-2.228** (0.108)
	高中及以上	2.027** (7.595)	1.746** (5.734)	1.069 (2.912)
	收入情况	0.398* (1.489)	0.293* (1.341)	0.778** (2.178)
健康状况	自评健康	-0.577* (1.781)	-0.501* (1.651)	-0.646* (1.908)
	慢性病数量	0.917** (0.400)	0.631* (0.532)	0.640* (0.528)
	孤独感	0.214** (1.239)	0.138** (1.147)	0.263** (1.301)
家庭支持	经济支持	2.655** (14.222)	2.073** (7.952)	1.045* (2.845)
	生活支持	1.494** (4.455)	1.370** (3.936)	1.111* (3.037)
	情感支持	-2.387** (0.092)	-1.017* (2.766)	-2.403** (11.060)

注：* 表示 $p<0.05$，** 表示 $p<0.01$，括号里面为 *OR* 值。

4.4.3 假设验证情况

本书通过多元有序逻辑回归模型验证结果如表4-7所示。

表4-7 14条假设具体结果

假设编号	假设表述	结论
H1	独居老人个体特征对独居老人养老服务需求有显著影响	验证
H1a	相对于女性来说，男性独居老人对养老服务需求更高	验证
H1b	相对于活力独居老人来说，中高龄独居老人对养老服务需求更高	未验证
H1c	相对于未婚与已婚老人来说，丧偶独居老人对养老服务需求更高	验证
H1d	相对于文化程度较低的老人来说，文化程度高的独居老人对养老服务的需求更高	验证
H1e	相对于低收入独居老人来说，高收入独居老人对养老服务的需求更高	验证
H2	独居老人健康状况对独居老人养老服务需求有显著影响	验证
H2a	自评健康状况对独居老人的养老服务需求有显著影响，自评健康状况差的独居老人对养老服务需求更高	验证
H2b	患慢性病数量对独居老人的养老服务需求有显著影响，患慢性病数量多的独居老人对养老服务需求更高	验证
H2c	孤独感状况对独居老人的养老服务需求有显著影响，孤独感更高的独居老人养老服务需求更高	验证
H3	独居老人家庭支持状况对独居老人养老服务需求有显著影响	验证
H3a	相对于家庭经济支持低的独居老人来说，家庭经济支持较高的独居老人对养老服务需求较高	验证

续表

假设编号	假设表述	结论
H3b	相对于家庭生活照料少的独居老人来说，家庭生活照料多的独居老人对养老服务需求较低	验证
H3c	相对于家庭情感支持低的独居老人来说，家庭情感支持高的独居老人对养老服务需求较低	验证

4.5　本章小结

本章基于陕西省三市调查一手数据，运用多元有序回归模型分析独居老人养老服务的需求影响因素，得出以下结论：①在个体特征中，男性独居老人、活力独居老人、丧偶独居老人、高学历独居老人以及高收入独居老人对养老服务的需求程度更高，其中，文化程度对养老服务需求的影响程度最大，独居老人收入情况对发展类养老服务需求影响比生存类、关系类服务更大；②在健康状况中，身体或是心理健康状况差的独居老人更需要社会养老服务支持；③在家庭支持中，家庭经济支持与家庭生活支持对独居老人养老服务需求具有正向显著影响，家庭情感支持对独居老人养老服务需求具有负向显著影响，对家庭支持的分析应该分类讨论。

基于以上分析，迫切需要从老年人的健康状况评估和家庭支持补充的角度进行理性的分析和系统设计，对于健康状况差、家庭情感支持不足的丧偶独居老人，特别要加强社会养老服务对他们的支持。同时，鼓励健康状况较好、家庭支持充足的独居老人在身体健康条件允许的情况下多使用养老服务，在加强养老服务利用的同时，这类对养老服务“高期待”的独居老人也能促进养老服务向高质量发展。

5　基于需求分析的独居老人养老服务有效供给

养老服务有效供给，是指与养老服务需求匹配的最优养老服务配置方案，具体包括供给总量充足但不过剩、供给结构合理层次分明、供给内容精准优质三个方面。本章通过分析独居老人养老服务供给现状，并与前文独居老人养老服务需求分析结果进行匹配，指出供给结构失衡、供给数量偏差、供给质量不佳是导致独居老人养老服务供需匹配不佳的关键因素。同时，本章从宏观政策制度不尽完善、中观人力物力明显不足、微观现实需求难以识别三个层面分析了独居老人养老服务供给面临的约束条件，由此，从规范制度体系、鼓励多元供给、精准识别需求的短期目标与发挥家庭养老服务优势、培养专业人才队伍、探索智能化供给的长期目标两方面提出独居老人养老服务供需匹配的有效实现路径。

5.1　独居老人养老服务供给现状

5.1.1　有效供给目标

2021 年 11 月，《中共中央 国务院关于加强新时代老龄工作的意见》提出我国新时代老龄工作重点，要求从健全养老服务体系等方面全面推进老龄工作高质量发展。2022 年 2 月，国务院发布《“十四五”国家老龄事业发展和养老服务体系规划》，针对养老服务提出了“十四五”时期的五大发展目标，并提出了落实目标的主要考察指标，如表5-1所示。由此可见，我国推动全社会积极应对人口老龄化格局初步形成，老年人获得感、幸福感、安全感显著提升。

上述我国最新的两份指导性文件，内容分别聚焦新时代老年人的“急难愁盼”问题和这些问题在“十四五”期间的阶段性解决目标。综合两份指导性文件可以发现，新时代独居老人养老服务供给既有短期目标，也有长期规划愿景。一方面，在短期内，要解决独居老人养老服务体系、健康体系建设健全问题，注重老年人差异化养老服务需求；另一方面，从长远来看，要厘清各主体责任，建设成一个结构合理、项目充足、质量可靠的多层次、广覆盖养老服务供给体系。

表5-1　“十四五”国家老龄事业发展和养老服务体系主要指标

指标	2025年目标值
养老服务床位总量	达到900万张以上
特殊困难老人月探访率	达到100%
新建城区、新建居住区配套建设养老服务设施达标率	达到100%
养老机构护理型床位占比	达到55%
设立老年医学科的二级及以上综合性医院占比	达到60%以上
本科高校、职业院校养老服务相关专业招生规模	明显增大
每千名老年人配备社会工作者人数	保持1人以上
老年大学覆盖面	每个县（市、区、旗）至少1所
“敬老月”活动覆盖面	每个县（市、区、旗）每年开展1次

5.1.2　供给现状

我国养老服务起步可以追溯到中华人民共和国成立之初，起源于国家福利性供给，发展于社会化与市场化改革，在社会化探索中，为了适应不同收入群体、不同个体特征老人的养老服务需求，在国家主导和行政推动下，现已经初步形成家庭、政府、社会多元供给的养老服务供给格局。

1）以家庭为基础的传统服务供给

在传统社会，老年照护是一种内嵌于个人的社会关系，男女分工符合家庭和市场效益最大化。尽管家庭规模变小带来的家庭供给弱化无可避免，家庭养老作用逐渐被其他养老模式代替。但和其他养老模式相比，家庭养老仍然有其得天独厚的优势。一方面，受传统孝道文化影响，子孙满堂，在家中颐养天年是大多数老年人期待的养老方式，社会养老在部分独居老人心中仅是家庭养老不能满足时的替代品。根据调研反馈，部分独居老人持有“金窝银窝不如自家草窝”的观点。调研数据显示，82.8%的独居老年人愿意居家养老，仅17.2%的独居老年人愿意选择机构养老模式。另一方面，相比其他养老服务供给模式，家庭在养老服务提供方面的满意度较高，由更为了解的家人来为独居老人提供生活照护、医疗护理等服务更契合老人的需求，特别是在精神慰藉方面，家人有着不可替代的作用。但以家庭为基础的传统养老服务供给模式也有其缺陷。独居老人由于其独居的居住方式，家庭养老服务供给只能依靠子女或其他亲属定期或不定期探望供给，具有偶然性、间歇性，因此需要其他主体形式辅助供给。

2）以政府为核心的制度要素供给

政府作为服务供给的主力军，对独居老人养老问题解决有着多方面的推动作用。首先是政策要素，政府通过战略规划与政策制定为独居老人养老服务提供政策依据。自2000年开始，我国发布了一系列养老服务政策纲领性文件，特别是近年来随着我国养老服务发展进入高质量新阶段，独居老人等特殊老年群体多样化需求得到重视。另外，政府通过政策优惠，为社会组织或直接服务供给主体优先供给、减免养老服务税收或降低租金等方式，降低准入门槛，助推社会组织或社区资本进入养老服务领域。

其次是资金要素，伴随多层次养老服务体系的建立健全，全国各地积极对接本地养老服务需求，动员社会资源，养老服务供给也不断扩大。2012—2020 年，中央财政累计投入 271 亿元支持养老服务设施建设。截至 2020 年年底，各类养老机构和设施总数达 32.9 万个、床位 821 万张，床位总数比 2012 年增长了 97%。老年人高龄津贴、养老服务补贴、失能老年人护理补贴分别惠及 3104.4 万、535 万、81.3 万老年人。①

3）以社会为补充的专业服务供给

除家庭和政府外，社会力量是独居老人养老服务供给的补充力量，主要包括非政府组织（NGO）和商业化养老服务企业。NGO 一般由专业社工和志愿者团队组成，这类组织通过提供专业化的、非营利的服务为弱势群体提供社会支持。如为独居老人提供物质援助和心理咨询服务，为独居老人养老分忧解难。此外还有商业化的养老服务公司，提供专业化的养老服务。值得注意的是，随着智慧化产品、服务逐步普及应用，老年人对智慧产品的接受度也逐步提高。智慧健康养老这一新业态应运而生，独居老人养老服务正在向着智慧化转型升级。

综上可以看到，相较于早期“撒胡椒面”式供给模式，我国养老服务供给已经获得了长足的发展，养老服务的覆盖范围不断扩大，从早期主要关注城市“三无”、农村“五保”等特殊困难老人，逐步转为面向全体 2 亿多老年人；服务内容也日益丰富，从早

① 数据来源：国务院新闻办公室举行的“扎实做好民政在全面小康中的兜底夯基工作发布会”。

期主要提供生活照料等简单而基础性的养老服务，逐步转向为老年人提供综合性、全方位的服务。至今，养老服务行业已然发展成为改善老年人生活质量、拉动内需增长的新业态与新动能。

5.1.3 供给问题

一方面，当前，我国养老服务供给已基本实现老有所养，老有所依。但另一方面，结合前文需求分析结论可知，目前独居老人群体养老服务供给尚未较好匹配需求，在供给的结构、数量、质量上存在一定问题，导致供给现状与有效供给目标之间仍然存在一定差距。

1）供给结构失衡

一是家庭养老服务供给缺位。目前，我国独居老人养老服务供给多元化已形成普遍认知，但各供给主体责任界限并不明晰，职能“越位”与“缺位”现象并存。需求调查结果显示，63.3%的独居老人最期望的养老方式是居家养老家庭服务，仅有19.5%的独居老人更希望获得社区养老服务。在“家”文化的熏陶之下，家庭养老始终是大多数老年人养老方式的首选，然而，从家庭支持分析，独居老人群体家庭支持存在缺位现象。调查结果显示，接近一半（48.2%）的独居老人子女平均一月探望一次老人，少数子女甚至一年以上才能探望一次老人。在家庭养老功能弱化的现实情况下，独居老人不得不选择社区养老，这一过程中，当养老成为需要社会乃至政府予以解决的问题时，其性质就发生了变化，家庭养老缺位使得政府、社会需要承担的供给责任过重，供给只能停留在较低的水平上。

二是政府职能发挥有待加强。一方面，政府参与供给全过程将导致部分社区出现过度依赖现象。应适当发展专业的社会组织提供高质量、精细化的养老服务。另一方面，政府职能在政策制定、监督评估、资金投入、发展引导上仍有待加强。在资金投入上，目前社区申请养老服务资金采用项目申报等方式，部分社区养老服务资金不足，只能提供低效、同质的服务内容，无法满足独居老人等特殊老人群体高层次、多样化的需求；在发展引导上，政府对非政府组织参与养老服务的引导、鼓励需要加强，未能充分发挥社会组织参与力量。同时，政府作为监管者和服务主体，对自身的监督管理需要加强关注。

三是非政府组织参与缺位。NGO 作为综合社会各界力量的非营利性组织，应该在独居老人等社会弱势群体服务领域发挥重要作用。事实上，与政府相比，非政府组织具有自发组织、覆盖范围广、服务机动灵活的特点，在某些专业性强，人文关怀程度高的服务项目供给上有着得天独厚的优势。但从全国范围看，由于 NGO 成立门槛高、政策支持不足无法维持运营、社会公信力不高等原因导致我国独居老人养老服务领域的 NGO 体量不足，质量不高，整体发展缓慢。这不仅会降低其他资源配置主体的积极性，而且会使政府承担独居老人养老服务的压力过大。应鼓励其他主体积极参与养老服务过程，优化资源配置。

2）供给数量偏差

结合前文需求分析可知，独居老人养老服务存在供给数量偏差问题，即供不应求和供给过剩共同存在。从整体上看，在独居老人养老服务提供中，大部分养老服务供给不足以满足独居老人的养老服务期望。从表 5-2 中可以看到，众多的独居老年人有养老服务需求，却无法获得需要的养老服务。除文化娱乐类养老服务供给明显大于需求外，其余养老服务整体呈现供不应求的情况。特别是，在调查中发现，有一些独居老人不知道社区提供了养老服务，因此，供给与需求的差距实际上比数据显示的更加严重。另外，根据前文需求的分层结果，独居老人对文化娱乐类养老服务依赖度低，该类需求的满足排序理应靠后，但由于文化娱乐类养老服务开展方便，操作简单，现实中该类养老服务供给广泛，并未考虑独居老人需求的特殊性。在独居老人群体中存在兴趣小组、棋牌活动无人参加，文艺表演无人观看的供给过剩现象。

表 5-2　养老服务供需现状

服务类型	服务项目	供给比例/%	需求比例/%
生活照料	助餐服务	46.9	57.0
	卫生服务	45.3	43.8
	代办服务	27.3	42.2
	应急救援	20.3	41.4
	安全保障	32.0	35.2
	智慧养老生活服务	15.6	15.6
医疗护理	健康管理	76.6	53.1
	上门诊断	34.4	49.2
	社区/机构内医疗	42.2	42.2
	陪同就医	11.7	35.9
	康复护理	16.4	12.5
	智慧养老医护服务	16.4	23.4
文化娱乐	老年兴趣小组	46.9	39.1
	文艺表演	70.3	53.9
	棋牌活动	52.3	35.9
	知识讲座	43.8	32.0
	智慧养老文娱服务	5.5	11.7
精神慰藉	心理咨询与疏导	20.3	31.3
	陪同聊天	27.3	27.3
	读书读报	14.8	22.7
	定期上门或电话探访	27.3	26.6
	婚姻中介	1.6	3.1

3）供给质量不佳

独居老人服务需求存在项目和群体差异，需要提供精准化、高水平的养老服务。分项目看，独居老人对医疗、精神类养老服务项目需求显著高于普通老人；分群体看，健康状况较差、家庭情感支持缺乏的独居老人存在较高的养老服务需求。然而就供给现状而言，养老服务内容并未划分项目层次和服务群体，存在忽视医疗资源配置和精神资源供给，服务水平长期没有进步的现象。例如，社区普遍覆盖的养老服务项目包括助餐服务、老年兴趣小组、文艺表演等比较简单操作的项目，但对独居老人需求较大的精神慰藉服务，在供给数量上略有不足。

5.2 独居老人养老服务有效供给约束条件分析

5.2.1 宏观层面

法律制度、监管机制有待继续完善。对一些老龄事业发展起步较早的发达国家而言，他们在老龄事业的发展当中，已经在发展模式、发展标准等方面形成了较为系统的发展体系，且为养老产业的发展创造了良好的条件。相比而言，我国老龄事业的制度环境建设起步较晚，各级政府部门制定了相关的政策制度，以规范性文件、短期政策、复合型政策、原则性政策为主，有待在长期政策、配套型政策、可操作性强的政策等方面继续强化。完善的制度环境是独居老人养老服务高效发展的保障，我国多元供给边界不清晰的内在原因是没有规范性与保障性的政策制度支撑，在现行制度环境下，各地对政策的理解与应用程度不同，都会导致供给要素和质量不同，因此，在各地甚至是各社区存在独居老人养老服务发展不均衡的现象。

5.2.2 中观层面

专业人才、智慧技术应用不足。养老服务市场各方力量没有充分参与，整体发展积极性并不强，需要进一步利用专门的人力资源管理和新的技术来推动与升级。为了促进中国独居老人的高水平养老服务，必须建立一支有能力的劳动力队伍，并在养老服务领域进行智力改革。然而，一方面，目前养老服务业优秀人才队伍陷入工作压力大、工资水平低、员工福利少、地位低的窘境，导致社会对发展养老服务业的意愿不高，从业人员大量外流。另一方面，由于中国人力资源丰富，从表面上看，养老服务领域的社区工作人员并不缺乏，但为独居老人提供医疗服务的大多数是没有经过专业培训的人员和兼职社区工作人员，75%的人在其他地区有临时工作。还有部分研究发现，他们之所以从事专门的老年护理服务，是因为他们找不到其他工作。[82]对于独居老人来说，医疗护理和精神慰藉类养老服务需求较高，而这类养老服务质量又必须依靠专业人才支持才能得到保障，人才储备力量不足制约着我国独居老人养老服务向纵深发展。

同时，仅仅靠传统的人力供给养老服务无法达到资源有效供给，随着智慧养老的发展，将新型技术应用到老年照护领域，能协调、调动和整合各种人力和物力以提高服务效率、降低交易成本，真正实现独居老人养老服务精准有效供给。目前，我国部分地区已经尝试使用智慧养老平台等方式探索智慧养老模式，但仍处于起步阶段，存在技术不成熟、规模较小、投资回报周期长等现实约束，因此，在社会力量参与不足，前景不明的情况下，许多企业仍处于观望状态。与此同时，这一代老年人对智慧化产品仍然比较陌生和抵触，“数字鸿沟”也是制约独居老人养老服务，特别是智慧养老服务发展的重要原因之一。

5.2.3 微观层面

独居老人养老服务需求总量模糊，有效需求难以精准识别。随着独居老人数量的陡然增加，我国独居老人养老服务需求总量巨大，看似养老服务市场潜力巨大，但却存在需求无法准确衡量的问题。一方面，独居老人服务需求尚未形成统一评估体级。中国一些地区正在逐步探索评估需求的标准和管理方法，但由于地域差异，制度统一性有待加强，导致全面考虑需求仍然是不现实的。在目前的发展状况下，无论是资金还是设施供给精准化都存在困难。另一方面，我国老年人首选的养老方式为居家自我养老，一般情况下，只有当独居老人家庭养老服务供给不足时才会产生社会养老的需求意愿和需求价值，而目前我国尚未建立家庭支持能力的动态评估体系，难以精准识别并有效评估独居老人社会养老服务的需求程度。

6　独居老人照护的国际经验借鉴

20 世纪 80 年代，我国著名社会学家费孝通先生根据代际文化差异将东西方的代际关系分为“反馈模式”和“接力模式”。东方的代际关系属于前者，即上一代负责养育下一代，下一代在成年后具有赡养上一代的义务；西方的代际关系属于后者，即上一代负责养育下一代，下一代无需赡养父母，只需对自己的下一代负责。[83]相比我国，许多西方发达国家进入老龄化的时间较早，经过多年的探索实践，形成了许多与其本国国情相适应的养老模式。尽管这些模式各具特色，但总体而言，“接力模式”下的老年人都表现出追求独立自主的特点，这些老人在物质和精神上对子女的依赖比“反馈模式”下的老人少，他们倾向于不与子女同住，而是依靠自己或国家养老，由此形成了“时间银行”“多代居”等适合独居老人的新型养老模式。因此，学习借鉴国外的养老实践经验，对于探索符合我国国情的独居老人养老模式、提升我国独居老人的养老生活质量具有重要意义。本章主要介绍互助养老、政府支持、借助市场和社会支持四种模式。

6.1　互助养老

互助养老是建立在互助理念基础上的一种交换互惠的养老方式，它以居家养老为基础，以社区养老服务设施为依托，通过人与人之间的互相帮助，提高老年人的养老生活质量。具体而言，互助养老又可以细分为时间银行模式、多代居模式、村庄模式和邻里互助网络模式。

6.1.1　时间银行模式

时间银行是一种公益类的银行账户体系，最早由美国学者埃德加·S. 卡恩（Edgar S. Cahn）于20世纪80年代提出。这种模式提倡劳动不分贵贱，所有人的工作时间平等，非常类似于马克思提出的“价值实际上是无形的时间”这一概念。作为一种互助服务平台，“时间银行”的实质是通过劳动价值的延迟支付从而实现互助共济的目的。该模式以高龄和失能老人为主要服务对象，以青年以及低龄和健康的老人为提供服务的主体，基于一定的社区范围，提供以生活照料和精神慰藉为主的服务。借助这一平台，提供服务的主体将服务时间存储，等到自己年老时再将其提取出来，以获得他人提供的等量服务。当前，时间银行已推广到美国、英国、澳大利亚等全球30多个国家，建立相关组织超过1000家，在开发低龄老人人力资本、促进互助养老可持续发展、增进邻里关系和谐等方面发挥了重大作用，是人口老龄化背景下缓解养老压力、提供助老服务的一大新思路。[84]

1）美国

（1）主要特点

美国是世界上最早将“时间银行”这一概念付诸实践的国家。该模式由最初的便利老年人之间互帮互助的设计思路不断发展，逐步将参与主体扩展到青年人群体，为独居老人的老年生活提供了很大便利。美国的时间银行在组织管理、运行机制、制度保障、运营经费、服务内容等方面都有着鲜明的特点。

在组织管理层面，美国时间银行有着成熟的运营模式，采取总行统筹管理，各地区分行基于总行制定的基础战略，因地制宜地制定各自的具体发展战略，总行与分行通过统一管理平台实现对接的管理模式。

在运行机制层面，美国时间银行主要依托独立的非营利组织，通过时间银行系统对服务过程进行全程监管，服务对象可在网络上发布需求，或电话联系管理员提出求助内容、时间等要求，管理员根据求助者提出的要求匹配相应的志愿者为其提供帮助，在服务结束后，服务提供者的账户将会计入相应的时间，需求者则会扣除相应的时间，组织成员可通过网络在线查看自己账户中的时间货币。

在制度保障层面，佛罗里达州和密苏里州在 1984 年通过了“时间银行”立法；1987 年，美国国会通过了《促进志愿服务联邦法案》；1993 年，美国前总统克林顿签署的《国家与社区志愿服务法案》规定，凡志愿满 1400h 的青少年，政府可奖励其 4725 美元用于大学学费或职业培训。这些立法使得劳动积分的兑换获得了保障，为时间银行的推广奠定了基础。[85]

在运营经费层面，美国的时间银行有着多元化的资金来源，政府在提供拨款的同时也出台了多种有利于公益组织的税收措施；另外，基金、个人以及企业的捐款也为运营资金提供了重要补充渠道，如 PIC（Partners In Care）接受了老年理事会的支持，同时也接受了飞利浦公司的资助并与该企业合作开发了“生命线”紧急救助系统。[86]

在服务内容层面，美国的时间银行以提供医疗照护服务为特色，致力于帮助社区中的弱势和贫困老年群体减轻医疗负担。目前，美国具有代表性的时间银行有老年志愿者服务银行（Older Volunteer Service Bank）和长老计划（Elderplan）。

（2）典型案例介绍

老年志愿者服务银行以低龄老年人为提供照护服务的主体，以高龄或独居老年人为服务对象，使多数老人能够在自己家中或熟悉的社区养老。该组织主要由退休职工担任老年志愿者，重点为独居老年人提供临时性的短期照料服务，同时也提供驾驶护送（陪伴看医生、陪伴购物）、文书处理（填写表格、协助使用计算机）、人力协助（帮助铲雪、园艺、修房）等服务。每次服务时长限制在6h以内，服务结束后将时间通过积分的形式存储到账户内，服务内容不存在价值差异，只有时长区别，因此所有的服务时长都以小时（h）为计量单位，1h 累计 1 个时间货币。志愿者在时间银行内存储的积分可供本人及其直系亲属使用。此外，为使老年志愿者具备较好的服务能力，国家会提供6h 的专业培训，涉及生理、伦理、急救等知识内容，同时每年志愿者还会接受额外培训，以提高志愿者的服务能力，使之能够提供质量更高、更专业的服务。[87]

长老计划最初是为老年人提供预防疾病服务的试点机构，为实现其“培养健康生活方式，拥抱幸福晚年生活”的服务宗旨，该组织通过建立各类文化组织、开设健身俱乐部等方式，使参与者能够从中获得归属感和满足感。1998 年，长老计划设立了“医疗保健项目商店”，使得参与者可以用时间货币支付部分保费或兑换医疗保健服务，由此吸纳了许多年轻人参与到该项目中。

（3）经验启发

成熟的运营管理模式，多样化的资金来源以及完备的制度保障，为时间银行在美国的推广普及和持续发展提供了强有力的保证，也为解决我国进一步推广时间银行的难题提供了思路。我们可以借鉴美国时间银行的运营经验，建立全国总行并对各地分行进行统一管理，同时对时间积分的兑换予以立法保障，通过政府在推广中发挥主导作用，消除公众由于担心积分无法兑换而产生的疑虑和不信任，提升各年龄段人群参与养老志愿服务的积极性，从而推动时间银行的普及。

2）英国

（1）主要特点

英国有着悠久的志愿服务文化传统，是世界上最早对弱势群体给予特别关注的国家之一。20 世纪 90 年代以后，高福利模式让英国财政不堪重负，使得政府开始将老年人的照护责任向家庭和社会转移。在这样的背景下，主流思想提倡政府不再直接提供社会福利，而应承担制定政策、保障养老互助的正常运行等职能，因此时间银行模式得到了英国政府的大力支持。1996 年，英国人大卫·博伊尔（David Boyle）和马丁·西蒙（Martin Simon）到访美国后将时间银行概念引入英国；[88] 1998 年年底，英国第一家时间银行成立；2000 年，在政府和英国广播公司（BBC）的资助下，英国成立了全国性的时间银行志愿慈善机构。英国的时间银行在运行机制、制度保障、运营经费、服务内容等方面也具有突出特点。

在运行机制层面，英国的时间银行致力于大规模引进各个年龄层的参与者，每一个有参与志愿服务意向的人，都可以在官方网站找到申请入口，查询所在社区附近的时间银行位置和相关活动。总体而言，其运营流程具有专业化、精细化的特征：在提供服务之前，时间银行会对志愿者进行专业技能培训；在服务结束之后，志愿者可以通过网站反馈个人体验，官方网站专门设置了一个板块用于展示志愿者的服务心得；此外，时间银行还会将成功的项目案例和志愿者的服务过程、服务体验汇编成实体书，用于记录和展示活动成果。

在制度保障层面，英国虽然没有专门针对时间银行的法规，但英国政府对非营利组织和第三部门的管理出台了较为完善的规定，而英国的时间银行主要由非营利组织运营，因此上述规定同样适用于时间银行的管理运营。1998 年，英格兰地区通过了《政府与志愿及社区部门关系协议》，加强了政府与志愿组织的合作；

2002 年，英国财政部出台报告确立了第三部门组织在公共服务供给方面的作用和优势；同时，为调动公民参与时间银行的积极性，英国政府提供了包括时间银行可以免除缴税义务在内的一系列优惠政策支持；2003 年，英国内政部成立了积极公民中心，鼓励公民积极参与社区服务，行使公民权利。此外，时间银行也受到了包括英国前首相托尼·布莱尔在内的众多政府领导人的大力推崇，时间货币被视为英镑的重要补充货币，在英国的许多社区内也被视为评价公民信用和邻里忠诚度的重要指标。

在运营经费层面，英国的时间银行由政府和基金会共同资助，同时接受来自社会各个渠道的捐款。例如，莱西格林时间银行（Rushey Green Time Bnak）在其官方网站开通了多种在线捐赠渠道，同时也接受城市之桥基金会的“老年人工程”、刘易舍姆市关爱基金等多个基金会的基金支持。多样化的资金来源为时间银行的可持续运行提供了重要保障。

在服务内容层面，英国的时间银行与美国类似，也以医疗互助为主要服务内容。不同的是，英国的时间银行强调克服社会排斥和促进邻里交往的功能，更加关注社区中存在人际交往问题的人群，并长期与具有服务专长的公益机构合作，致力于让志愿服务成为人们日常生活的一部分，不仅为老年人提供服务，而且以不同群体的需求为导向，开展各种类型的志愿服务项目并取得了良好的成效。与专业组织的长期合作使得参与时间银行的志愿者能够获得良好的技能培训，从而提供更加专业化的服务。

（2）典型案例介绍

当前，英国有超过 100 家时间银行，其中具有代表性的是斯通豪斯公平份额（Stonehouse Fair Shares）与莱西格林时间银行。

斯通豪斯公平份额是英国第一家时间银行，成立初期是一个定义为专门为老年人或残障人士提供照料服务的慈善机构。随着机构规模不断扩大，参与人数不断增加，提供的服务内容也更加全面。斯通豪斯的早期会员大多数为老年人，其不仅鼓励老年人之间互帮互助，同时也鼓励不同年龄阶段的群体之间互相帮助，许多年轻人也加入斯通豪斯中，有的地方还把加入时间银行作为中学生社会实践的一门课程。对于加入斯通豪斯的所有会员，当他们遭遇交通事故或身患疾病时，机构也会免费为其提供必要的生活帮助。

莱西格林时间银行成立于2000年，该银行拥有高水平的专业医疗团队，是英国首家以提供医疗互助服务为主要项目的时间银行。该银行重点关注人际交往能力较差并感到被孤立的患者，通过建议他们多参与时间银行开展的各种活动，使病人在帮助他人或与他人接触的过程中发现自身的社会价值以提高自我效能感。

（3）经验启发

英国的时间银行侧重于医疗服务，重视对服务人员的专业培训，并通过与医疗机构长期合作保障该模式的运行。同时，它还注重心理问题治疗，许多遭受孤立和沮丧的病人在加入时间银行后，通过良好的互助关系，重新找回了对生活的信心。如何提升独居老人的养老服务供给质量、排解独居老人的孤独感一直是我国养老服务供给主体重点关注的问题，而英国时间银行专业化的医疗服务和对人际交往的特别关注，为我国解决上述问题提供了重要思路。

3）日本

（1）主要特点

作为世界上老龄化最严重的国家之一，日本早在1973年就出现了时间银行的雏形——自愿义工网络（Volunteer Labour Network，VLN）。VLN以家庭主妇为主要组织成员，设计初衷是组织年轻人参与志愿服务为老年人提供必要的帮助。其创始者水岛照子逐渐发现：相比年轻人与老年人，老年人之间的互助更能满足老年人的物质与精神双重需求，从而维持互助的有效性和长久性。遗憾的是，她并未将老年群体考虑为志愿服务的提供者。

1994 年，日本积极生活俱乐部（Nippon Active Life Club，NALC）成立。基于自助、资源、互助、有价值的人生四大核心理念，NALC 以 50 岁以上的男性退休人员和夫妻为主要组织成员，大力鼓励男性承担过去被认为是女性义务的照护者角色。随着组织规模的不断扩大，NALC 开始引入更多年龄层的群体参与其中，组织中退休人员的比重也由 50% 下降到了 40% 以下。当前，NALC 已有超过 100 所分支机构，会员超过 2 万名。日本的时间银行以“使退休人员的生活更丰富”为主旨，在组织管理、运行机制、服务内容等方面具有相对成熟的探索经验。

在组织管理层面，日本的时间银行采取专业的管理人员机制，采用一级对应一级的管理方式。具体而言，该模式下存在着三类主体，即管理员、专职人员和照护人员，其中“专职人员”和“照护人员”主要由志愿者构成，“管理员”协调管理“专职人员”，“专职人员”协调管理“照护人员”，同时引入市场竞争机制对工作人员进行培训，以提升工作人员的专业性。[89]

在运行机制层面，日本的时间银行以第三年龄段老人为志愿服务的主要提供者，以第四年龄段老人为主要服务对象，由专业协调人员进行供需匹配。不同于英美以时间长短作为唯一计量单位，日本的时间银行根据服务内容计分，如帮忙看家仅积 1 分，整夜护理则积 6 分，积分的使用者包括服务者本人、父母、配偶和未成年子女，可以即时兑换或者储存起来等需要时提取。没有积分的用户可以 500 日元/h 的价格购买服务。

在服务内容层面，日本的时间银行注重组织多样化的活动。NALC 专门成立了老年人福利政策研究中心，鼓励老年人积极参与建言献策，为政府制定相关政策提供依据；[90]同时定期举办和老年人有关的系列讲座，为老年人提供各类咨询服务和生活帮助。

（2）经验启发

日本的时间银行采用低龄老人为高龄老人服务的运行机制，使得低龄老人人力资本得到了有效开发。不仅能够满足低龄老人继续服务社会的意愿，而且让其能够未雨绸缪，为自己的晚年生活存储享受养老服务的时间。

根据不同服务项目计分的积分制是日本时间银行的一大特色。相较于英美仅参考服务时间、不考虑服务内容的统一积分制，日本时间银行的积分方式更有利于吸引志愿者参与到一些服务难度较高的工作中，解决难度较高的养老服务工作人手相对不足的问题。此外，NALC 成立的老年人福利政策研究中心为老年群体充分表达意见和建议提供了渠道，也为政府精准识别老年群体的需求提供了有效途径。因此，我国在优化时间银行运营思路的过程中，可以引入日本时间银行的计分机制，同时可借助时间银行的平台为老年人提供建言献策的机会，为政府制定养老相关政策提供可靠依据。

6.1.2 多代居模式

“多代居”（Multi-Generation Housing）模式最早起源于德国，这是一种以代际互动为核心，通过配备一定的公共活动空间、定期组织活动等方式，促进无血缘关系的老年人和年轻人跨代合作的新型养老模式。当前，该模式在德国和日本建立起了比较成熟的运营体系。

1）德国

（1）多代居概况

“多代互助”这一养老观念在德国有着较为悠久的历史，早在 19 世纪，德国就出现了多代居的雏形，由单身女性组织 Beguine（贝居安）召集不同年龄的女性群体共同居住，这是最早的、独立运营的多代社区。[91] 进入 20 世纪，德国 60 岁以上的人口占比超过了20%，正式进入老龄化社会，一些有着较强独立意识、具备自主行为能力的老年人开始自愿结合起来互助养老，这个时期的多代居主要是私人投资，建设资金多由参与项目的居民共同承担。同时，负责管理多代居的民间社区联盟逐渐形成，据德国官方统计，截至20世纪90年代中后期，超过2/3的多代居由城市养老社区联盟统一管理。[92]进入21世纪，德国的老龄化程度进一步加深，家庭规模呈现出不断缩小的趋势，家庭养老功能逐渐弱化，“多代居计划”由此成为德国政府应对老龄化的重要战略之一。该计划由德国联邦家庭、老人、妇女和青年事务部于2006年推出，规定每个城市至少布局一个多代社区，构建覆盖全国的多代社区网络，每个多代居由独立运营方负责，由联邦政府和当地政府共同提供经费。2012年，德国政府更新了二代计划，将慈善组织、基金会和地方企业纳入，为各地多代居提供运营经费。德国联邦家庭和公民社会事务署每年对运营方进行随机访问，对客户满意度以及对当地社会的影响进行综合评估。大多数的“多代居”设在联排别墅等建筑中，配备了老年活动中心、咖啡厅、小餐厅等设施，提供购物、清洁、护理等服务。政府还鼓励不同地区的多代居根据当地特色和老人需求，有针对性地开展活动，例如，一些多代居引入了阅读、写作、数学等主题工作坊，为人们提供技能培训。在新冠病毒感染疫情防控期间，一些多代居还为老人提供电话学习、网络虚拟展览等远程活动，持续维系为老人搭建的社交网络，不断丰富老人的居家生活。截至目前，德国已拥有超过500个多代居，覆盖所有市镇，吸纳了超过2万名各年龄层的志愿者参与。

（2）主要特点

德国的多代居根据组织规模和社会关系等方面的不同，大致可以分为两种类型：一种是公寓式多代居，另一种是家庭式多代居。[93]

公寓式多代居可分为私人投资型和政府出资型。私人投资型多代居是将老人集体自建或由开发商租售的公寓打造成一个个社区单元，生活在这些社区的老人来自不同年龄层、不同家庭，基于共同的养老需求自发结合起来组成养老共同体，彼此之间互帮互助。这种类型的多代居具有以下几大特点[94]：一是有完善的法律保障，法律规定居住在这类公寓的老人既享有集体帮助的权利，也要履行一定的义务；二是自愿入住，在公寓居住的老人可以自愿加入或退出，同时有决定是否吸纳新入住成员的权利，从而保证公寓的凝聚力；三是鼓励入住群体积极参与公寓建设，为使公寓最大限度地满足老人的个性化需求，公寓从前期规划，中期施工，到后期管理，都支持住户的积极参与；四是配备公共空间，配备了走廊、公共庭院、活动室等为住户提供日常交流的空间，保证住户之间的日常互动。政府出资型多代居以德国弗莱堡的“三代同堂”公寓为代表，由当地政府与福利机构共同出资构建，入住对象为独居老人和单亲家庭，由出资方负责雇人进行日常管理。这种“三代同堂”模式既有利于解决独居老人精神孤独的问题，也有利于帮助单亲父亲或母亲解决工作时小孩无人照料的烦恼，将残缺的家庭变成一个完整的家庭。

家庭式多代居可分为代内互助型和代际互助型。代内互助型是指老人自发结成互助小组，不离开原本居住的地点，轮流到每家举办活动，一起聊天、帮助做家务等。代际互助型是由德国民政部门和大学服务中心牵线，介绍难以负担房租的大学生到独居老人家中免费居住，学生则需要承担一些诸如打扫花园、铲雪的体力活儿，这样不仅减轻了学生的生活负担，而且也为独居老人提供了许多生活帮助。

（3）经验启发

德国多代居为我国探索适宜独居老人的新型养老模式开启了

新的视角。通过公共空间设计，鼓励老人积极参与社区建设，打造“三代同堂”公寓等方式，有利于促进独居老人参与社会交往，有效缓解老人的精神孤独。

2）日本

（1）多代居概况

近年来，“青—老”互助跨代际同住模式逐渐传入日本，成为日本探索超越血缘和地缘、构建代际互助养老模式的一种新的尝试与实践。[95]日式多代居主要是通过独居老人减免房租为大学生提供住所，大学生为老人提供一些简单的生活帮助的形式进行。

由于日本多数大学不提供宿舍，昂贵的房租对缺乏稳定收入的大学生来说是较大的负担。而日本作为典型的老龄化国家，存在很多拥有房产又不和子女共同居住的独居老人，这些老人希望在家安享晚年，但又缺乏聊天的对象和提供生活支援的助手，一旦发生状况，很难获得及时的救助，特别是日本近年来频繁出现的“孤独死”现象更让许多独居老人心怀不安。因此，多代居的出现恰好迎合了大学生和独居老人双方的需求。

（2）典型案例介绍

非营利组织“LIVE&LIVE”是日本最具代表性的多代居运营管理平台之一，以“超越代际，创造一个让所有代际互相帮助的社会”为目标。其创始人石桥锳子表示，“LIVE&LIVE”的主旨是在老年与青年之间搭建一个平台，使当地的独居老人和大学生能够形成优势互补，为独居老人提供生活支持的同时兼顾精神需求。双方都可以向平台提交代际同住申请，平台负责事前审查、面试等流程，为申请人匹配适宜的同住对象，经独居老人和大学生双方同意后视为匹配成功，二者各向平台支付 2 万日元的入会费和每月 3000 日元的费用。在匹配成功后，学生每月支付 2 万日元的生活杂费、水电费给老人，同时承担一些购物买菜、打扫卫生的简单家务劳动，履行偶尔陪伴老人散步、聊天等义务。在共同生活期间，双方遵守事前约定，原则上保持各自空间，互不干涉对方生活，当出现矛盾的时候可以通过电话、邮件等途径向“LIVE&LIVE”寻求帮助，由平台的专业负责人员参与协调解决，维持平台的正常运营。

（3）经验启发

日本的多代居具有为独居老人提供生活支持、同时兼顾精神需求的特点。“LIVE&LIVE”等组织在老年与青年之间架起桥梁，从双方开始接触到愿意尝试同住，组织都会参与跟踪、协商并签订协议，让没有血缘关系的双方都能感到安心。日本作为深受儒家文化影响的国家，在推行无血缘代际同住互助养老的过程中同样面临着传统观念的阻力。为此，日本政府颁布了一系列法律将“互助”提升到与“自助、共助、公助”同等位置，日本媒体通过实景拍摄、电视宣传等方式让公众对跨代际同住有了更直观的感受和理解，使公众逐渐接受了互助养老的概念。我国在创新独居老人照护模式的道路上，同样需要家庭和个人转变观念，以更加开放包容的胸怀参与到互助养老中。

6.1.3 村庄模式——以美国为例

1）村庄概况

“村庄”（Villages）是一种自下而上发起、非营利性质的会员制互助养老组织，由志愿者（主要由老年会员构成）向居家养老的会员提供非专业性服务，由外部服务商提供价廉质优的专业性服务，从而使老年人能够长期居住在自己家中养老。[96]“村庄”首先出现在美国，此后逐渐扩散到荷兰、澳大利亚等国家，成为影响力仅次于“时间银行”的互助养老模式。本书以美国的村庄模式为例进行详细介绍。

2001年，“村庄”首先出现在美国波士顿地区，命名为比肯山村庄（Beacon Hill Village，BHV），由会员同时担任志愿者和管理者。作为自发形成的互助养老组织，“村庄”自成立初期就明确了将无偿的组织内部互助和质优价廉的组织外部服务结合起来为老年人提供帮助的组织愿景，使老人能够舒适地在家中或熟悉的社区养老，是“在地养老”（Aging in Place）理念的实践体现，也是“关爱老人的社区行动”（Age-friendly Community Initiatives）的重要实现途径。此后，“村庄运动”（Village Movement）在多个州陆续展开。2007 年，“村庄”从美国城市扩散到农村地区。2010 年，全国性“村庄”服务平台——VtVn 网络（Village to Village Network）在 BHV 和非营利性社区发展机构（Capital Impact Partners，CIP）的共同推动下正式成立。VtVn 为新建“村庄”提供技术指导，定期开展线上交流活动，帮助各虚拟村庄相互学习，分享经验，并协助村庄与当地老龄机构、教会等非营利组织建立联系；同时还与美国大都会集团（MetLife）基金会等合作为“村庄”提供资金支持。当前，美国已有超过 270 家“村庄”，超过 95% 的“村庄”从属于 VtVn，近 80% 的村庄建设在城市地区，有 11% 的村庄提供跨区域的服务。

2）主要特点

作为影响力仅次于“时间银行”的新型养老模式，“村庄”在组织机构、经费来源、人员构成、服务内容等方面也已经具备成熟的运营经验。

在组织机构层面，多数“村庄”的组织机构由理事会（board of directors）和委员会（committees）构成。理事会负责运营，理事由会员选举产生；委员会类型较多，如会员委员会、活动策划委员会、信息服务委员会等，由各“村庄”根据需要设立。常设岗位有行政事务执行理事、负责协调会员和志愿者的协调员等，多数岗位由会员以志愿形式无偿兼职。此外，因资金有限的缘故，多数“村庄”以教堂或租的房屋为固定办公场所。近年来，随着网络技术的发展，为降低运营成本，部分“村庄”建立起了“虚拟办公室”，通过互联网、电子邮件等方式进行虚拟办公。

在运营经费层面，“村庄”实行会员制，主要经费来自会员缴纳的会费和各种渠道的捐赠，多数捐赠通过筹资活动获得，也有部分来自个人或非营利组织的捐款（包括资金和实物）。例如，“社区联络组织”（Community Connections）就获得了当地非营利组织——地区老年服务机构（Area Agency on Aging）的资金支持。会员缴纳的会费根据“村庄”和会员类型而有所不同，会员类型的设置主要有以下几类：个人会员/家庭会员（多数村庄选择的模式）、准会员（仅参加活动、不享受服务）/正式会员、个人会员/终身会员。个人、家庭、终身会员的平均会费分别为335美元、585美元、1550美元，除终身会员外均可按月缴费。对存在家庭经济困难的会员，村庄会给予不同程度的会费减免。

在人员构成方面，“村庄”主要由会员和志愿者构成，志愿者中既有会员，也有向社会招募的志愿者。为保证服务质量，许多村庄在成立时设置了“会员容量”限制，依照志愿者人数招募会员，使志愿者与会员的比例保持为2∶1。当志愿者不足时，想要入会的居民需要排队，然而对于会费的依赖使得多数村庄的会员增速明显快于志愿者，志愿者与会员的实际平均服务比为1∶1.6。

在服务内容方面，“村庄”坚持以会员需求为导向，基于会员就地养老的需求，由会员和志愿者提供无偿的基础性养老服务，由“村庄”精选的外部服务商提供专业的外部服务，保证服务内容能够满足多数会员的需求。具体而言，委员会通过问卷等形式对会员需求进行了解，同时对会员和志愿者可提供的基础性服务的内容和数量进行汇总，当前美国“村庄”内部可提供的服务类型和服务内容如表6-1所示。

表 6-1 美国“村庄”内部可提供的服务类型和服务内容

服务类型	服务内容
交通服务	搭载会员看诊、购物、参加各类社区活动等，服务里程通常在 30～50mile①，超出范围“村庄”会给予一定补贴
生活服务	餐食递送、代管宠物、定期拜访失能会员等
家务协助	简单的房间打扫、家具修理等
社交活动	老年教育、组织聚会等各类活动

① 1mile≈1.609km。

对于医疗护理、大规模家具维修、远距离交通、理财咨询等会员和志愿者不能提供的专业性服务，则需要外部服务商的介入。在此过程中，“村庄”充当“集体议价组织”的中介角色，同外部服务商谈判，为会员争取最大利益，审查价格优惠的外部服务商，列出名单并提供给会员，使会员能够用个人名义以低于市场的价格直接购买外部服务。[97] 由会员和志愿者提供的无偿基础性服务，结合外部服务商提供的有偿专业性服务，能够覆盖多数会员的需求，大大降低了养老成本，保证了服务质量。

3）经验启发

“村庄”采用“理事会＋委员会”的运营模式，通过志愿者与外部服务商结合的方式对老人需求进行全面覆盖，形成了完整的服务供给体系，使该模式在美国大获成功并逐渐传播到其他国家。我国同样可以建设“村庄”来满足独居老人的生活和社交需求，提升独居老人的幸福感、获得感和安全感。

6.1.4 邻里互助网络模式——以日本为例

1）模式概况

邻里互助网络模式是在政府的政策与资金支持下，借助非营利组织为社区内 65 岁及以上老人提供帮助的一种新型养老模式。

该模式建立在地缘基础上，居住在邻近社区的老人自发结成相对稳定的社会组织，通过组织为需要帮助的老人提供服务。本节以日本为例进行详细介绍。

相较于欧美国家，日本的家庭观念更为浓厚，大多数老人也更愿意在家里养老。随着日本老龄化程度的不断加深，少子化导致家庭规模不断缩小，老人害怕影响子女生活的心理负担加重，日本的独居老人占比呈现不断上升的趋势。为促进居家养老，满足老人的养老需求，日本政府大力推动社区养老的发展，例如，设立各类老年娱乐设施和社区养老服务中心，鼓励志愿者提供送餐和定期问候等服务，出台《特定非营利活动促进法》以促进日本社会非营利组织发展，由此形成了以“铃之会”为代表的成熟稳定的邻里互助社会组织。此外，日本具有较为悠久的邻里文化传统，邻里关系较为密切，当地的老人对于邻里互助养老也十分热情，积极配合参与各类社区养老活动，由此形成了成熟的邻里互助网络。[98]邻里互助的新型养老模式具有官民协调、互为表里的特点，是积极老龄化的生动体现，对于缓解日本严重老龄化的压力发挥了重要作用。

邻里互助网络是由居住在社区内的65岁及以上老人自发成立并负责管理运行的协会组织，组织成员以家庭主妇和退休人员为主。协会采用互助和援助相结合的方式为会员提供帮助，包括照料会员起居、组织邻里聚会、旅行、聚餐等活动促进会员之间的相互交流，帮助会员排忧解难，充实自我。由于大多数会员来自邻近的生活社区，彼此比较了解，交流话题也更有针对性。同时，协会通过组织下午茶、社区交流会等形式了解会员的需求和困难。每次活动都由组织协会和各活动主办方共同安排，场所由本次活动主办方提供，参与人员也多为与本次主办方相熟的群体，活动主办者同协会负责人将参会人员在活动中提出的建议和反映的问题记录下来并提供应对策略。活动经费通过参与者缴纳的活动费用、向当地的志愿者中心申请补贴等多种渠道筹集。

由此可见，协会组织在日本邻里互助网络构建的过程中发挥着举足轻重的作用。具体而言，不同协会组织所针对的服务对象、提供的服务活动并不完全相同，如“橡果会”主要针对的是因中风导致语言障碍的人士，因此主要开展发音练习、唱歌等活动；“花木会”则主要针对精神病患者，提供心理咨询、心理治疗等服务；“野川向日葵会”等面向全体社区居民，开展各类兴趣班、交流会等；“铃之会”则主要针对独居老人、体弱老人、患轻度阿尔茨海默病的老人以及残障人士，提供餐饮递送、往返接送等服务，同时还定期组织交流茶会、手工会等活动。鉴于“铃之会”针对独居老人的特点，本书对其进行重点介绍。

“铃之会”是日本邻里互助网络建设中具有较大影响力和代表性的非营利组织，覆盖超3万名社区老人。它借助日本稳定的地缘关系，吸纳社区老人、家庭主妇等群体成为会员，主要提供迷你日间服务（Mini-Day Service）和“钻石俱乐部”（Diamond Club）两类服务。[98]迷你日间服务主要由志愿者与正式照护人员相互配合，通过倾听老人的心声为老人排忧解难，由协会成员直接作为志愿者为老人提供帮助。“钻石俱乐部”具有较强的针对性，通过组织社区开放式互动交流会促进社区居民的人际交往，了解居民生活中遇到的困难并提供专业的解决途径。根据协会规定，每年举办的交流会不得少于4次，联谊会不得少于1次。完备的组织规定为协会工作的正常开展提供了有力的保障。

2）经验启发

日本的邻里互助网络模式以亲密的邻里关系为基础，由社区志愿者构成的非正式性支持网络有效缓解了养老服务供给人员不足的困境，同时也让老人实现了自我价值。我国同样具有熟人社会的特征，邻里之间的关系较为密切，尤其是对于以居住社区作为主要活动范围的独居老人而言，邻里关系与他们的身心健康密切相关，因此，我国同样可以通过建立邻里互助网络的方式建立健全独居老人照护服务体系。

6.2 政府支持

养老服务作为一种准公共产品，政府在其供给中处于核心和主导地位。政府通过建立健全养老保障制度体系、提供财政支持、出台各项激励政策等方式，在养老服务供给中起着至关重要的作用。随着独居老人的数量不断增加，各国政府在保障独居老人基本生活，提高其生活品质等方面也投入了越来越多的关注。

6.2.1 美国

1）概况

美国是世界上较早步入老龄化的国家之一，受到独立自主观念的影响，许多美国老人退休后并不会选择与子女同住，因此，美国在独居老人照护领域具有比较丰富的经验积累。作为资本主义国家，美国的养老服务体系以“市场导向”作为典型特征，但其实美国政府才是处于这个体系的幕后核心。正是由于政府能够站在国家战略高度，积极防范化解公共风险，才能形成“有为政府”与“有效市场”相结合的运行格局。

2）主要特点

美国政府通过构建养老保险和老年人医疗保险体系、提供基本养老服务财政兜底支持、建立公平有序的服务供给市场竞争环境、发挥非营利组织的养老服务供给作用等方式[100]，为独居老人提供基本的生活保障。

（1）养老保险和老年人医疗保险制度

养老和医疗保险是老人退休后的主要收入来源，对于保障独居老人的基本生活至关重要，自 20 世纪 60 年代起，养老和医疗保险已成为美国政府财政支出的主要领域。美国是全球最早实施养老保险制度的国家之一，目前采用的是经典的“三支柱”养老保险体系：第一支柱为国家强制养老保险（Old-Age，Survivors，and Disability Insurance，OASDI）；第二支柱为雇主养老金计划（Employer Pension Plans），包括 DB 计划（确定收益）和 DC 计划（确定缴费），DC 计划又可以分为 401K 计划、403B 计划和 457 计划，其中 401K 计划占比超过 70%；第三支柱为个人储蓄养老保险，包括个人退休账户（IRA）和商业养老保险。

国家强制养老保险属于公共养老体系，覆盖群体最为全面，是美国多数老人的主要收入来源，提供最基础的保障。它由美国社会保障署（SSA）负责，资金主要来源于美国联邦政府统一征收的以雇员工资为基数的社会保障税（payroll taxes）。雇主养老金计划和个人储蓄养老保险属于私人养老体系，前者是由雇主企业资助雇员发起的养老金计划，由雇主承担给付与投资责任；后者是个人自愿参与的养老计划。政府发挥的作用主要是：当雇主养老金出现给付困难的情况时，由以企业形式存在的准政府机构——养老福利担保公司提供最低收入保障。

老年人医疗保险包括覆盖 65 岁及以上老人的公共医疗保险 Medicare 和针对低收入弱势群体的公共医疗补助保险 Medicaid，是美国政府第二大财政支出项目。前者的资金主要来源于联邦政府一般财政收入与医疗保险税，后者的资金来源于联邦政府和州政府。

（2）财政兜底支持

除完备的养老和医疗保险外，美国政府还针对“弱势”老人提供各种形式的财政兜底支持，以满足其养老服务需求，为老人提供独立、稳定、有尊严的养老环境，为保障独居老人基本生活提供了重要支撑。

一方面，美国政府针对面向所有老年人的基本养老服务提供了普惠性的财政资金支持，包括直接支持和间接支持。直接支持主要以提供财政补贴、投资建设养老设施等方式进行，带来的财政负担较大，主要运用于20世纪60年代之前。当前的直接支持强调被支持一方的项目绩效，只有绩效达标才可以获得财政支持。例如，政府对建设养老机构的非营利组织提供部分“预付款”，当项目能够让低收入老人居住40年以上则不需要偿还这笔款项；对达到各种指标的养老机构或社区给予财政补贴；对低收入老人的住房维修、翻新等提供资金支持。间接支持主要通过为养老机构或购买房产的老人提供低息贷款，同养老机构或社区签订政府购买合同，设立公共服务基金鼓励非营利组织提供养老服务等方式。

另一方面，美国政府专门针对“弱势”老年人提供各种形式的兜底保障。主要做法有以下几种：一是美国社会保障署依据联邦“附加保障收入计划”，对因公共养老金太低而难以维持生活的65岁及以上老人按月发放生活补助金，为低收入老人维持基本生活托底；二是针对符合上述情况但并未申请“附加保障收入”的老人，也可提交公共救济申请；三是对于常年患病的老人，政府于1997年特别推出了老年人全面医疗照顾计划（The Program of All Inclusive Care for the Elderly，PACE），该项目由专家组成的医疗团队，整合日间看护中心的人力和各种资源，为居家养老的老年人提供长期的医疗照护服务；四是为“弱势”老人提供住房保障，如年收入在12000美元以下，就可以申请美国住房和城市发展部的“为老年人和低收入者提供住房援助计划”，得到不同程度的补贴，对于长期收入低于美国贫困线的老人，其居住老年公寓的费用则全部由政府承担。

（3）公平有序的市场环境

各类市场主体提供的养老服务为独居老人提供了不同类型的选择。为保障老人权益和服务质量，美国政府制定了统一严格的标准和评价体系并委托第三方机构对各类养老服务机构和社会组织继续定期评估，督促其提供优质养老服务。1987 年，美国政府通过的《联邦养老机构改革法案》对提供养老服务的市场主体的资格审查、处罚办法等方面做出了明确规定。例如，养老机构的护士助手必须经过超过 75h 的培训，营利性质的养老机构利润率不能超过 15% 等，一旦违反规定就会受到不同程度的处罚。除此以外，美国卫生财务管理等部门提出委托第三方机构对市场主体进行评估，便于政府购买各类市场主体和非营利组织提供的养老服务，保障老人的生活质量。

（4）积极活跃的非营利组织

作为世界上非营利组织数量较多、活跃程度较高的国家，美国的非营利组织在其养老服务供给主体中占据了至少“半壁江山”。非营利组织的高度活跃与美国政府的激励政策密不可分，具体在以下几个方面：一是美国联邦税法规定非营利组织及其捐赠者可以获得不同程度的税费减免；二是以政府购买的形式从非营利组织处购买公共服务，以此激励各组织提高服务质量形成良性竞争；三是创造宽松政策环境，不限制活动范围，也不强制注册登记，以此最大限度地发挥非营利组织的积极作用。

3）经验启发

美国政府在构建养老和医疗保险体系，提供财政兜底，维持养老服务市场秩序，激励非营利组织提供养老供给等方面发挥了重要作用。以上措施对保障独居老人基本生活，提升其养老生活质量具有重要意义。

6.2.2 日本

1）概况

日本从 20 世纪 70 年代步入老龄化社会，自 1972 年到 1974 年经历过第二次婴儿潮后出生率整体上便一直处于下跌的趋势，而65岁以上的老年人口占比却不断升高，2022年占比超过了29%。日本内阁府公布的数据显示，2019年日本独居老人占比达到了27%，加上未和子女同住的老年夫妻，这一数字已超过所有老人半数。人口结构的变化对日本的经济社会运行造成了很大影响，劳动力短缺现象日益严重，老年抚养比不断攀升，政府在养老和医疗照护领域的支出不断上升，养老保障体系面临的压力与日俱增。为有效应对人口老龄化，日本政府制定了《长寿社会对策大纲》《促进社区医疗和护理综合保障法》等战略规划[101]，以及《高年龄者雇佣安定法》《高龄者住宅法》等法律，以此保障老人的合法权益。面对节节攀升的独居老人数量，日本政府在2007年出台了上门探视老人的规定，工作人员定期上门负责体检并将老人的情况通知给远方的子女，但很多老人不喜欢与人接触甚至拒绝定期探视。因此，日本政府又陆续想出了水量监测法、电量监测法、煤气用量监测法、垃圾上门回收巡视等办法，用以判断老人生活状态，及时给予帮助。

2）主要特点

日本的年金制度、就业和住房支持政策、介护保险制度等为独居老人生活提供了重要保障。

（1）年金制度

年金制度是支撑日本国民老年生活的最大保障，由三个层次构成。第一层次是“国民年金”：1961年，《国民年金法》全面实施，要求20～60岁的全体日本国民都必须参加国民年金保险；1985年起，“国民年金”就成了全体国民的基础保底年金。第二层次是“厚生年金”和“共济年金”，前者是指覆盖5人以上的私营企业职工年金，后者是公务员、公营企业职工、私立学校雇员、农林渔团体雇员的年金。第三层次是个人可自由选择加入的养老年金。

“国民年金”同与报酬相关的“厚生年金”和“共济年金”

共同构成了双重保障的日本老年人收入保障体系，由政府统一运营，统称为公共养老金制度，是日本社会保障的根基。绝大多数的日本老年人都享有公立年金，有50%以上的老人甚至仅依靠年金生活。

（2）就业支持

近年来，日本政府为推动老年人口就业出台了一系列的政策法律。对于独居老人而言，积极的老年就业支持政策能够有效促进其参与社会，使老人能够感到自身的社会价值，以工作成就感缓解儿女不在身边的孤独感。

据日本厚生劳动省公布的数据显示，2022年日本男性和女性的平均寿命分别达到了81.47岁和87.57岁。随着人均寿命的不断延长，高龄独居老人的数量也越来越多，而预测显示日本的国民年金养老储蓄将在2050年彻底枯竭。因此，为缓解劳动力不足和养老储蓄压力，日本政府制定了《高年龄者雇佣安定法》，禁止员工未满60岁退休并将退休年龄上调到65岁，并大力推行允许员工继续工作的“继续雇佣制度”。2020年3月，《改正高年龄者雇佣安定法》表决通过并于2021年4月正式实施（非义务化），要求企业通过返聘等方式为有意愿的老人提供就业机会直到70岁。2022年，日本65岁及以上的雇员人数达到了912万，65～69岁和70～74岁的就业率分别达到了50.8%和33.5%。尽管《改正高年龄者雇佣安定法》仅仅是要求企业为有意愿的老人提供机会，并不具备强制效应，但日本政府推动70岁退休的义务化已是必然趋势。

除此以外，为促进老年人就业，日本政府还设立了高龄者能力开发信息中心和银色人才中心。前者主要进行两大业务，一是就业斡旋，即开拓适合老年人能力的用人单位，对老人和用人单位进行教育启发，指导介绍工作并进行后续跟踪等；二是提供福祉信息等服务，即提供福利信息，促进老人参与社会。后者主要负责提供短期就业机会，介绍免费职业，向厚生劳动大臣报备等工作。高年龄者就业不仅可以获得生活收入，更重要的是能让老人获得生存价值，促进老人积极参与社会，与积极高龄化的概念相适应。

（3）住房保障

住房对养老生活质量的重要性不言而喻。对于独居老人而言，住房作为他们的主要活动场所，其适老化程度和舒适度与老人的身体健康密切相关。

早在20世纪60年代，日本就开始关注社区养老服务和设施供给，在基本解决老年人的经济、医疗等保障问题后，将重点转为制定老龄人口公共服务设施引导政策。随着社会变化发展，老人的居住需求逐渐出现了变化：住宅规模从大面积需求转变为小规模；对医疗设施的依赖转变为护理的重视；对住宅的居住和使用权重视度降低，越来越多的老人选择租赁住房养老。对此，日本政府出台了《高龄者专用租赁住宅登记标准》，由政府负责搭建专门面向老年人的租赁平台，并鼓励房东按照此标准改造现有房屋后登记备案，方便老年人找到合适、安全的住房。2011年，由《高龄者入住租赁住宅法》《高龄者专用租赁住宅法》《面向高龄者提供优质租赁住宅法》内容整合而成的新修订的《高龄者居住法》出台，在各地推行老龄者居住稳定计划，建设带有服务功能的老年住宅，推动养老院和社区综合护理体系构建，大力倡导住宅适老化改造和采用小规模多功能社区养老服务模式。

此外，日本政府还出台了一系列的住房保障措施：一是公营住宅（廉租房）租赁向老年人倾斜，老年人申请廉租房的收入水平可高于一般申请人，最低可高40%；二是发表“银色住宅支援计划”，由日本国土交通省和厚生劳动省共同推进，在公营住宅加装紧急通信、扶手等设施，派遣专业的生活援助员；三是建设老年人专用租赁住宅，由公立住宅·都市整备共团等负责供给，并设置介护服务的配套设施；四是建设“轻消费老人之家”，处于健康状态但因家庭或住宅环境导致居家生活困难的老人可以较低价格入住；五是设立适老化助手，由社会工作者或介护福祉人员担任，负责住宅适老化改造的建议咨询以及同施工单位人员的协调联络工作。以上措施对于保障老人住房，提高住房供给质量发挥了重要作用。

（4）介护保险制度

介护保险制度是一项极具日本特色的养老保险制度，它是通过保险运作的方式，将为老人提供的生活服务常规化的一种强制性的制度安排。在该制度下，多数老人都能享受到居家照护和医疗福利，独居老人拨打邻近护士站电话15min后就会有护士上门，到了官方认定的“需护理老人阶段”，会有专业人员上门帮助照料老人的生活起居。因此，在介护保险制度的推动下，许多日本老人逐渐从认为“和子女同住是幸福的”转变为认同“独居才是快乐”。

该制度于2000年开始正式实施，主要资金来源于政府税收和个人缴纳的保费。年满40岁的日本人有义务加入介护保险，每月公司会自动扣除保费。40～64岁的被保险人的保费与公司加入的健康保险一起缴纳，65岁以上的参保者保费由市政府从养老金中代扣。介护保险的被保险人分为65岁以上人士（第1号被保险人），以及40～64岁的医疗保险用户（第2号被保险人）。前者无论出于任何原因，只要被认定为需要介护或需要支援时，皆可获得介护服务；后者因早衰、多系统萎缩等16种特定疾病被认定为需要介护时，方可获得介护服务。针对不同类型的老人，介护服务也有差异。对于居家养老的老人，可获得上门访问服务（包括日常生活协助、上门康复等）、日间照料服务（日托服务、日托护理、认知症患者的日托介护等），以及短期住宿服务。对于想在机构养老的老人，介护保险可用于入住特别养护养老院（仅接待需要介护等级在3级以上的老人）、老年介护保健设施（接待出院后无法立刻回归家庭的老人），以及介护疗养型医疗机构（接待需要长期护理的老人）。除此以外，介护保险还可用于租借轮椅、护理床等护理设施，以及部分家庭装修（包括安装扶手，改造无障碍通道等）。

3）经验启发

通过年金制度、就业支持政策、住房保障举措以及介护保险制度，日本独居老人的基本生活得到了保障。随着独居生活质量的不断提高，日本社会对独居老人的偏见也在逐渐消失，父母晚年与子女分居生活更加自在，逐渐成为社会共识。正如上野千鹤子在《一个人最后的旅程》中所写："现在老人之间不再有人问'你们明明有孩子，为什么不和孩子住一起?'之类的问题。虽然偶尔还会有人问丧偶的独居老人'为什么不和孩子同住?'，但这样的问题很快就会没有人再问了。"在护理条件日渐完善的当下，主动选择独居的老人也会越来越多。

6.2.3 新加坡

1）概况

新加坡是进入老龄化社会速度最快的国家之一，其65岁以上的人口占比从7%上升到14%仅仅用了19年。生育率的持续下降以及人均寿命的延长使老年抚养比不断攀升。根据新加坡2019年人口普查结果显示，新加坡有多达6.7万名独居老人。2020年，狮子乐龄之友协会调查发现，新加坡有严重孤独感的老人数量正在不断上升。

2）主要特点

新加坡政府主要通过中央公积金制度、就业支持、提供住房保障等方式缓解人口老龄化压力，提高独居老人生活质量。

（1）中央公积金制度

中央公积金制度（Central Provident Fund，CPF）建立于1955

年，是由新加坡国会立法强制参保的社保储蓄计划，由雇主与雇员共同缴纳并由中央公积金局集中管理。在公民55岁之前，中央公积金共设有三个账户：普通账户（OA）可用于住房、保险和投资；专门账户（SA）可用于购买老年以及退休相关的金融产品；保健储蓄账户（MA）可用于住院开支、缴纳疾病保险费用。当公民年满55周岁，公积金会自动生成第四个账户，即退休账户（RA），原普通账户和专门账户的资金会被自动转入退休账户，在公民年满65岁时开始支付养老金。该制度为新加坡老人的退休生活提供了基本保障。

（2）就业支持

新加坡将60岁以上老人尊称为“乐龄”，寓意希望老年人的生活安乐祥和。新加坡政府大力倡导“乐龄”养老与国际上“积极老龄化”的概念不谋而合。政府鼓励“乐龄人士”老有所为，通过就业与社会保持互动，以保持良好的心态与身体健康。对于独居老人而言，就业不仅能够获得更多收入，更重要的是能够继续参与社会。2012年，新加坡政府颁布了《退休和重新雇佣法令》，规定年满法定退休年龄，工作表现良好且身体健康的员工有权获得继续雇佣直到65岁。2017年通过的修正法案将继续雇佣年龄上限推到67岁。2022年，新加坡政府宣布从7月1日将法定退休年龄提升至63岁，返聘年龄提升至68岁，并预计到2030年前将法定退休年龄和返聘年龄分别提高到65岁和70岁。政府不仅对雇佣60岁以上员工的企业给予补贴，而且也会为老年人提供就业培训，鼓励老年人回归职场，积极参与社会生活。

（3）住房保障

为提高独居老人生活质量，新加坡政府出台了组屋套现补贴计划和家庭同住补贴计划，并支持兴建乐龄公寓。

新加坡建国初期就提出了“居者有其屋”计划，中央公积金制度、组屋制度和政府补贴共同构成了完备的多层次住房保障体系。其中“组屋制度”是新加坡具有典型福利性质的一项制度。组屋是由新加坡建屋发展局承担建筑的公共房屋，由政府统一修建，以低价租售给新加坡公民。作为福利性质供应给本国公民的组屋，在建造之初便引入了几代同堂的设计理念，这类户型以客厅连接，两户既分又合，使老人与晚辈既能和谐相处又能相互照应。对于有意愿购买此类组屋，与父母同住的子女家庭或单身人士，政府分别提供 4 万新加坡元的减免和 2 万新加坡元的房屋津贴，以鼓励子女与父母共同居住。而组屋套现是指拥有组屋的公民可以通过大屋换小屋、屋契回购、出租组屋等途径获得额外收入。[102]

同时，新加坡社会及家庭发展部和卫生部密切合作，成立了老人福利院、老年人活动中心、由护理中心管理的乐龄祖屋等用于改善老年人生活的机构。近年来，政府开始对乐龄公寓设施进行改造，如在楼梯走廊添加扶手，在改变方向和高低的位置设置显眼提示，提高报警系统音量等。此外，所有乐龄公寓附近都设置了邻里联系站，可供老人参与读书、唱歌、聊天等娱乐活动。对于不住在公寓的老人，新加坡也设置了由政府拨款且承担部分经营费用的民众俱乐部、社区联络所和康乐中心等，定期提供身体检查、日常护理，举办各种休闲活动。从 2019 年起，新加坡的所有综合诊所都建立了护老咨询站台，专为来访老人答疑解惑，提供居家护理，并协助老人申请各种扶助计划。

3）经验启发

中央公积金制度、就业支持、住房保障等不仅体现了新加坡政府对老人实际生活的关怀，也大大提升了老人的晚年生活质量。随着我国全面三孩政策落地实施的效果初显，隔代教育现象也会越来越普遍，我国同样可以试行组屋贴现计划作为三孩政策的配套措施，不仅能够减轻年轻父母的压力，而且能够鼓励子女与父母同住，从而提升独居老人的幸福感。

6.3 借助市场

老龄化和家庭规模小型化的趋势使得家庭养老功能逐渐外化，越来越多的市场主体参与到养老服务供给中。以利益为导向的市场主体提供养老服务的形式多样，服务供给的内容具有较强的针对性，能够满足不同类型老人的多元化需求。美国和日本在为独居老人提供养老服务方面具有成功的探索经验，值得我们借鉴。

6.3.1 美国

1）概况

作为资本主义国家，美国养老产业具有“高度市场化”的特征，围绕“养老”的产品、服务、科技等层出不穷。例如，老年人出行服务平台 GoGoGrandparent，专门面向不擅长使用智能手机但渴望独立生活的老年人；老年人金融服务公司 True Link Financial，以保护老年人财产，帮助老人防范金融诈骗为宗旨，为老人的晚年生活提供安全保障；老年人咖啡店 Café plus 是一家专门面向 50 岁以上老年人的咖啡店，专门提供高性价比的餐点，给予老人社交机会，同时还定期组织文化讲座、健身活动等，帮助老人缓解因退休与社会脱节而产生的孤独感等各种心理健康问题。当然，美国养老产业“市场化”最典型的是美国的养老地产，其中最具代表性的是专门面向独居老人的活跃退休社区（Active Adult Retirement Community，AARC）。

AARC 是以“运动结合休养”为主题，以满足 55 岁及以上拥有自理能力的老人的养老需求为目的而建设的商业住宅项目。其住宅只出售给年满 55 岁的老人，55 岁以下子女不得与老人同住，19 岁以下来访者每年居住不得超过 1 个月。社区内设有高尔夫球场、游泳池、网球场等运动设施，并建立了商场、教堂、医院等，以会员制为住户提供全方位的服务。“佛罗里达州群村项目”和“太阳城系列”都是AARC开发成功的典型案例。

佛罗里达州群村于1990年开始以AARC模式开发，现已成为全球规模最大的退休社区。群村的范围横跨佛罗里达州中部三个县，但公共服务并不由这三个县政府提供，而是由另行成立的十多个“社会发展区”负责，提供包括公共场所、地方道路、排水、消防、环卫等公共服务。区内的所有事务由居民选举产生的五人董事会决定，提供公共服务的花费通过向居民征收房产税和公用设施费来支付，这笔钱由群村开发公司代收代缴。除此以外，居民还建立了“房地产拥有者联盟”和“群村业务联盟”两大民间组织，开发公司和居民共同创办并运营自己的地方媒体和活动专刊，群村内居民自发组织的俱乐部数量超过600个。群村住宅售价大约在20万~30万美元，首付仅需5%~10%，对于美国中产阶层的老人而言是一个相对可支付的住房花费。

1960年开设的亚利桑那州太阳城是迄今为止开发最为成功的AARC，在美国养老住宅市场长期占据重要份额。以当地的“凤凰太阳城”为例，该社区建有7个运动休闲中心、11个高尔夫球场、13家俱乐部，以及各种球类活动场地，完备的运动设施不仅能提升老人的生活积极性，还能使老人的身体和精神得到全方位养护。近年来，AARC还引入了高科技信息技术，通过老人运动情况收集其健康信息，并在老人锻炼时精准把控强度，保证体育活动的科学性和安全性。此外，AARC还专为住户开设了体育运动项目的指导课程，并定期组织高尔夫球赛、网球赛等赛事帮助老人增强运动能力，提高生活品质。[103]

2）经验启发

尽管AARC曾因只允许老人居住的强制规定受到了许多批评，这种人为设置被认为阻碍了代际交流，不能满足老人与子孙之间的情感交流需要，但 AARC 项目在上市前经过了充分的市场调研，结果显示老人欢迎子孙拜访小住，随后却希望他们离开，留给自己独立清净的空间。该项目在美国养老住房市场上的持续成功也充分证明了这一点。随着独居老人的数量增加，老人的独立意识也越来越强，我国同样可以考虑引入 AARC 模式，丰富独居老人的退休生活。

6.3.2 日本

1）概况

随着日本独居老人数量的不断攀升，仅靠政府提供的公共服务渐渐难以满足老人需求。因此，各类市场主体也加入养老服务供给的队伍中，为老人们提供了多样的选择。日本养老服务的市场化主要表现为养老机构和服务类型的多样化，以及智慧养老服务供给。

日本的养老机构及其提供不同服务类型与日本的介护保险制度相适应，不同养老机构面向不同介护程度的老人，提供不同类型的专业服务。独居老人在向所在区域的基层行政窗口申请介护认定后，依据被认定的等级享受介护福利。日本养老机构的基本情况如表 6-2 所示。

表 6-2　日本养老机构的基本情况

机构类型	机构	特点
公立	特别养护老人之家	仅接受介护 3 级以上老人和重度认知症患者，仅白天工作
	介护老人保健设施	用于老人出院后回归家庭的过渡，短期居住，专业护理
	介护疗养型医疗设施	提供长期专业医疗服务
私立	住宅型付费养老院	提供生活照护、健康管理、娱乐活动等，介护服务需由老人同第三方签约

续表

机构类型	机构	特点
私立	集体之家	仅接受介护2级以上老人或认知症患者，集体宿舍，安排老人集体活动
	服务式公寓	独居老人为主要住户，常驻有持证咨询师，为老人提供生活咨询、安全确认等服务
	健康型收费养老院	接受能够自理的老人，提供餐饮、健身房、温泉等服务设施，费用高
	高龄者专用住宅	仅提供基本生活服务，需介护时需要转院

此外，近年来“智慧养老”也是日本大力推崇的一种养老方式。各种智慧养老设备被充分运用，不仅能够有效掌握独居老人的行踪，便于老人与子女对话，还能满足老人的各种照护需求。具体而言，智慧养老包括智慧机构、智慧居家和智慧城镇。[104]

智慧机构养老以“真心香里园”为代表，不仅通过在房间和公共区域安装智能探测设备以便中心及时掌握老人情况，而且还配备了如喂饭机器人、可调节床、智能沐浴等设备满足（半）失能老人的专业照护需求。

智慧居家是指发挥机器人等智能设备在居家养老中的作用。日本政府大力支持家庭生活支援机器人的研发，重点扶持健康检测、健康护理等产品的研发。在政府的支持下，越来越多的企业参与到智慧养老产品研发中，如日本电气株式会社（NEC）研发了用以掌握独居老人行踪的智能鞋，用于帮助老人头部清洗的洗头机等。2018 年，NEC 和爱媛县西条市合作开展的关怀服务实验，以 NEC 于2016 年研发的桌面机器人为中介，通过机器人与老人进行对话、连接老人家人的智能手机等方式，为老人与家人架起沟通的桥梁。

2014 年，松下集团联合 19 家企业开发的藤泽可持续智慧城市（SST）是日本智慧城镇的典范。公共场所安装的监控与每户的智慧电视连接以便查看老人情况；社区为老人提供上门做饭等服务并统一安排文体活动；社区与医院、诊所建立网络连接，提供从诊断到配药的全流程服务。

2）经验启发

日本养老服务的市场化为独居老人提供了多种选择。不同养老机构提供不同类型的服务，独居老人可根据个人需求进行选择；同时，智慧养老设备的研发和使用也为选择居家养老的独居老人提供了许多便利。当前，我国独居老人以居家养老居多，因此可以支持广大市场主体研发和推广各类智慧养老设备，满足独居老人的多样化需求。

6.4 社会支持

非营利组织是养老服务供给主体之一，具有弥补政府提供的单一养老服务、增加公共参与、与市场主体形成良性竞争以提高服务质量与效益等作用。经过几十年发展，美国、英国、日本等发达国家的非营利组织已经具备非常成熟的运行管理机制，在其养老服务供给体系中占据着重要地位。

6.4.1 美国

1）概况

美国是全球非营利组织数量最多、活跃程度最高的国家。事实上，美国拥有世界上最大的非营利性老年照顾机构和最庞大的志愿者义工队伍，负责为居家老人提供饮食护理等各类服务，是对政府和各类市场主体的有力补充。在非营利组织提供的各类老年服务中，最具典型的是美国的“持续照料养老社区”（Continuing Care Retirement Community，CCRC）。CCRC 通过整合老人日托、老年公寓、退休社区、居家服务、介护，以及专业护理、临终关怀等不同照护级别的养老服务功能，面向自理老人、介护老人和护理老人，提供包括房务、餐饮、社交、医疗在内的各方面服务，使老人在熟悉的环境中舒适生活并老去。持续的照护服务、促进社会交往的各类活动，使 CCRC 给予了独居老人足够的人身安全和心理安全感，成为许多美国老人养老地点的不二选择。

CCRC 最早可以追溯到 19 世纪 60 年代，起源于为照顾内战遗孀和孤儿建立的社区；在 20 世纪 30 年代“经济大萧条”期间，老年照料需求迅速增加，教会及其他非营利组织由此建立“老人之家”作为应对；20 世纪 70 年代，石油危机爆发，政府难以继续全面承担社会福利，1974 年，美国政府对《住房和社区发展法》进行修订，为房地产开发商提供低息贷款，大力支持民间资本进入养老地产开发建设。[105]截至 2022 年，美国有超过 2000 家 CCRC，其中 78% 由非营利组织运营。CCRC 模式将老年人按生活自理程度分为 3 类并提供不同针对性的服务，具体如表 6-3 所示。

表 6-3　美国 CCRC 类型及服务内容

老人类型	自理程度	居住区域	服务供给
自助型老人（55～64 岁）	能够自理	独立生活区	组织兴趣协会、老年大学等各类活动
介助型老人（65～75 岁）	部分自理	协助生活区（居住个体分开，公共设施在同一区域）	饮食、穿衣、洗浴等日常照料及医疗护理
介护型老人（75 岁以上）	不能自理	长期护理区（配备 24h 专业护士照料）	提供专业化的长期护理照顾

CCRC 根据老人的自理程度将老人的居住区域进行划分，当老人的照顾需求发生变化时可直接搬家至相应的居住区域，不必搬离社区。独立生活区（ILUs）的入住者多为健康老人，所有 CCRC 都配备了独立生活区，为老人提供健身、餐饮、清洁、娱乐社交、教授计算机使用等服务。协助生活区（ALUs）通常为大

楼公寓或套房，入住老人虽有一定的独立生活能力，但仍然需要协助，介助程度处于独立生活和专业护理之间，提供保健、家政、就医协助、紧急救援、喂食和沐浴等服务，并鼓励老人积极参与集体就餐和各类社交活动。长期护理区是多数 CCRC 提供的专业护理服务，在社区或可及范围内提供短期疾病恢复、慢性病治疗或更高层次的监护服务。此外，近年来，美国部分 CCRC 开始提供认知照料服务和家庭/社区照护服务，前者以阿尔茨海默病患者为服务对象，后者为独立生活住户提供各类服务。[106]

2）经验启发

CCRC 以持续照料为主要特点，对于独居老人而言，只需根据社区测评的身体状况住进不同区域即可，当身体状况发生变化时，会有专人将老人转移至相应的区域，很大程度减轻了老人的负担，并使老人能够接受针对性的专业服务。根据美国权威养老平台 myLifeSite2019 年所做的 CCRC 客户调研显示，由于中美老人的认知差异，吸引中国老人入住 CCRC 的关键因素并不是其主要特点“持续照料服务”，而是“为了让子女放心”和“减少家务琐事”。因此，我国的 CCRC 营销团队在做产品推广时可将 CCRC 的特点用中国客户群体理解的方式表达，并将其与以上关键因素对应。例如，在介绍“持续照料服务”时，可将其细化为医疗有保障，包含房间打扫等内容，以此对应“让子女放心”和“减少家务琐事”。

6.4.2 英国

1）概况

志愿组织在英国具有悠久的历史，在各种社会活动中都发挥着重要作用。当前，英国从事养老活动的社会组织有英国长者（Age UK）、全国老人照护协会（The National Corporation for the Care of Old Peoplc）、英国老年医学会（British Geriatric Society）

等，其中 Age UK 是英国目前最大的养老慈善组织，其旗下有 160 余家各自独立的分会，总会和分会都以爱护老年（love later life）为活动目标，同时鼓励分会因地制宜地开发具有当地特色的服务模式。整合照顾服务（Integrated Care Services）是当前 Age UK 采用的主要服务模式，以老人为中心，通过家庭医生、个人独立协调员（PIC）和志愿者的共同合作，为老人提供专业化的个案管理服务。其运行程序如图 6-1 所示。

Croydon 和 Camden 是 Age UK 众多分会中具有代表性的两家。Croydon 是 1995 年成立的福利机构，于 2010 年加入了 Age UK 平台，服务项目涵盖居家服务、住院生活协助、返家生活训练等。Croydon 的 PIC 计划称为"One Croydon Alliance"，是由家庭医生联盟、卫福部基金信托、地方政府和当地的医疗健康服务部门共同组成的联盟，提供社区整合网络服务。Camden 分会服务当地老人已有 50 余年，有超过 200 名长期志愿者。服务项目非常多元，涵盖社区联结、居家服务、电子产品教学等。失智者福祉计划和友谊支持服务是 Camden 最具特色的两项服务。前者以轻度和中度失智者为主要服务对象，通过不同的活动和协助，使服务对象在家中和社区都具有选择权，提升生活满意度；后者以当地 55 岁以上，有记忆退化问题的居民为服务对象，工作人员在服务前会进行一次家庭访问，和老人或其家属共同制定陪伴计划，提供生活和情感上的支持，随后以一对一的形式匹配志愿者，每周两小时固定探访，项目包括陪伴老人聊天、参与社区活动、帮助填写表单等。

2）经验启发

社会组织在英国的养老服务供给中发挥了重要作用。尤其是 Age UK 的整合照护模式对于我国探索如何照护独居老人具有很强的借鉴意义。随着家庭医生的逐渐普及，我国同样可以参考"家庭医生 + 个人独立协调员 + 志愿者"模式，为独居老人提供专业的个案管理。

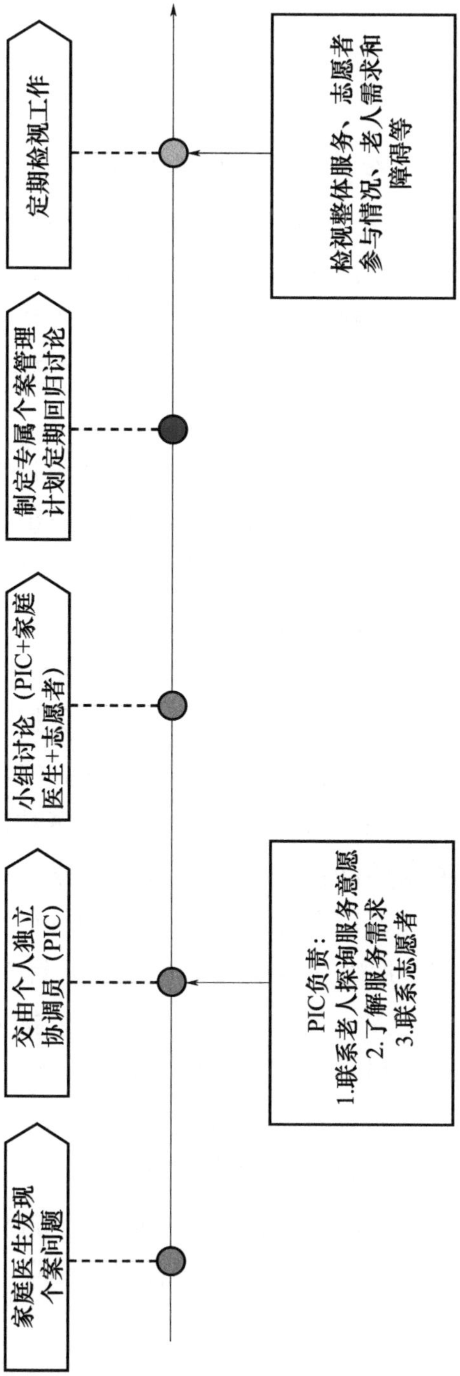

图 6-1　Age UK 运行程序

6.4.3 日本

1）概况

非营利组织（NPO）在日本养老服务供给中占据重要地位。1998年，日本国会审议通过了《特定非营利活动促进法》，该法以促进志愿者活动、鼓励市民做出社会贡献为目标，将非营利活动明确划分成二十类，不仅赋予非营利组织法人资格，而且将其明确定义为福利供给的重要力量。2000年，介护保险制度实施，将介护制度由社会福利转变为社会保险，为NPO参与养老护理打开了大门，取得法人资格并满足一定条件的NPO可以成为介护服务的提供者。截至2020年，日本认证的NPO法人超过51000家，其中有近3万家以增进保健、医疗和福利为主要活动目标，成为政府和市场养老服务供给的重要补充。

当前，日本的养老服务型NPO主要开展两类活动：一是作为《介护保险法》的指定养老服务机构，为介护对象提供介护保险制度内的服务；二是提供介护保险制度外的服务。NOP提供的服务可以分为三类：访问护理、日间照护、小规模多功能居家护理服务。访问护理是由家庭访问护理员到服务对象家中，为老人提供洗浴、进食等基本护理，以及康复训练、看护等服务，以延缓老人衰老进程。日间照护服务主要由托老所提供，针对65岁以上行动不便、难以自理的老人，托老所在白天将老人接入机构提供护理，晚上再送回老人。另外，部分NPO不作为《介护保险法》的指定机构提供服务，例如有些NPO运营的托老所，多为普通民用住宅改造的小规模多功能设施，提供短期入住、家庭助手上门支援、长期入住、配餐等服务。对于身体健康，能够自理的老人，NPO还通过普及健康知识、提供老年保健咨询等方式为老人提供预防护理。

东京的“白十字居家志愿者之会”是日本最具代表性的养老

型 NPO 之一，不仅与各级政府在养老服务领域展开了密切合作，而且成功申报了国家示范项目。其隶属于株式会社 Cares，该集团主要从事上门看护等介护工作，随着集团规模的不断扩大，Cares 创始人秋山正子于2006 年注册了“白十字居家志愿者之会”，并补充了介护保险制度外的服务。从运营来看，白十字居家志愿者之会与政府关系十分密切，长期获得政府补贴，在运营政府委托项目的同时，与医疗护理、志愿者组织等也开展深度合作，为老人提供居家护理、外出援助、志愿者匹配等工作。从服务内容来看，白十字居家志愿者之会长期在社区招募志愿者，开展生命史志愿者活动。志愿者倾听老人讲述，以第一人称为老人撰写生命史，许多老人在讲述的过程中重拾对生活的信心，也加入志愿者队伍当中。由此可见，生命史志愿活动是一种双向甚至多向的交流与互动过程。以白十字居家志愿者之会为代表的 NPO 通过丰富多彩的活动，有效地满足了老年人多样化的养老需求，提高了养老服务的质量。[107]

2）经验启发

日本非营利组织参与养老服务供给已经具有较为成熟的经验，以完备的法律体系作为支撑，通过多样化的服务形式，有效地满足了老人的各种需求。为鼓励非营利组织参与养老服务供给，我国可以学习借鉴日本建立相应的法律体系，明确非营利组织参与服务的合法地位并就各类组织的服务标准、组织工作人员的工资制度等予以规范；同时要加强基层政府与非营利组织的合作，及时了解老人的各种需求及供给问题，不断改进服务，提高服务质量。[108]特别是对于缺乏社会交往的独居老人而言，应鼓励社会组织为有意愿的独居老人提供合适的岗位，让老人积极参与到养老服务中，继续发光发热。

6.5 总结

尽管国外许多发达国家的养老传统与我国并不相同，但在老龄化进程加快、独居老人数量上升、老人倾向于就近养老等方面仍然具有相似性。因此，国外的独居老人照护经验对于我国同样具有借鉴意义。

首先，要大力推广时间银行、多代居、村庄以及邻里互助网络等互助养老模式。尽管人们的养老观念在发生变化，但多数老人仍然倾向于“就地养老”。因此，对于独居老人而言，互助养老是促进其社会交往，获得幸福感的最简单有效的形式。

其次，要加大政府支持的力度。政府在养老服务供给中处于核心地位，政府以外的组织并不具备维持养老服务长期有效供给的能力。因此，政府要发挥主导作用，根据社会发展变化不断完善我国的养老和医疗保险制度体系；同时要适时更新出台各类面向老人的就业支持和住房保障政策，并向独居老人予以适当倾斜。

再次，要更多借助市场的力量。各类市场主体作为政府养老服务供给的重要补充，给予了老人更多选择。因此，要引导更多市场资本进入养老服务领域，建立多层次的养老服务市场体系；基于我国养老市场客户群体的需求，打造我国的 AARC，促进独居老人的身心健康；同时，要注重各类智慧养老设备的运用，满足老人的多样化需求。

最后，要充分争取社会支持，发挥非营利组织在养老服务供给中的作用。非营利组织具有组织形式和服务内容多样的特点，是养老服务的供给主体之一。因此，要建立健全与非营利组织相关的法律体系，加强其自身能力建设，并学习借鉴国外非营利组织提供养老服务的运行机制，促进我国非营利组织的规范化、专业化运营。

7　独居老人养老服务供给对策与建议

7.1　独居老人养老服务供给政策改进

7.1.1　完善制度框架设计，制定长期可持续规划

从政策层级角度来看，当前，我国的养老服务政策法规层级多局限于政府部门的规范性文件，以实施办法和实施意见为主，养老服务缺乏更高层次的法律保障。从法理角度来看，法律、法规以其权威性、稳定性以及最高的正式化程度，能够更好地保障弱势群体的地位。政府购买政策着重强调“政策保障”“能力监督”“服务监管”三个方面，放在首位的便是政策保障。可见，尽快出台规制老人特别是独居老人养老服务的相关法律法规，提升独居老人养老服务制度文件层次，对于规范独居老人养老服务产业，保障独居老人权益不可或缺。

从政策视野角度来看，当前我国养老服务政策设计应当符合人口结构动态变化规律。中国的人口结构已经处于并将在一定时期内继续处于老龄化状态，且独居老人数量仍然较多，增长速度仍然较快，当前政策设计应当满足“路线图”特征，以适应未来独居老人养老服务的长期规划目标。政府部门要坚持规划先行，多规合一，科学、合理规划并逐步落实养老服务产业布局及相关设施配置专项工作，对养老服务支持工作予以高度重视，将强化顶层设计与推进实践探索相结合，使养老服务支持工作成为持续

性的、可重复的工作，构建“老有所依”新形式。不过，由于养老服务发展常常受到经济社会发展、市场需求结构变动等多方面因素影响，常常处于变化当中，因此，在制定了一系列长期规划之后，还应当对规划动态调整，将长期规划分解为阶段性目标后落地实施。

7.1.2 统一服务评价标准，规范监督管理体系

标准、规范的监督管理体系是推动养老服务相关决策落地落实的关键举措，也是推进智慧养老工作开展的现实需要，对于保障养老服务的有效供给和管理，实现养老服务的持续发展十分必要。

一是要统一评价标准，规范服务质量。当前，我国尚未建立成熟的养老服务质量评估体系，养老服务质量参差不齐，因此，要进一步细化、量化、规范化每一项服务的考核标准和不同服务主体的责任、义务，提升评估指标的科学性和可操作性。具体而言，可以通过对养老服务需求方进行实地调研，对养老服务供给方进行访谈问询，结合双方提供的信息制定相应的服务质量评估指标，加快构建养老服务评估体系：同时定期收集并分析全市各区空巢老人对养老服务的评价反馈意见而后纳入评估体系之中，进一步规范养老服务工作。

二是要加强服务监督，实现全过程管理。养老服务过程的精准监管不能仅仅依赖养老服务供给主体的内部自我约束，更需要外界对其供给行为进行严格监管。因此，必须完善对养老服务供给的全过程管理，建立完整、系统的监管体系，实现精准监督、全程监督。一方面，要加强对养老服务补助资金使用的针对性监督管理，推动养老服务工作规范化、制度化发展。具体而言，可以采取电话抽查、实地检查以及对重点岗位、重点人员提醒谈话等多种方式，确保资金落实到位，推动资金最大化发挥效用。另

一方面，鉴于部分养老服务的特殊性，建议加大对智慧养老管理和服务平台建设、特殊老年人家庭适老化改造等养老服务项目的监督检查力度，提升养老服务质量。

三是积极采用信息化评估技术，提高监督效率与水平。服务考核评价与服务质量评估是政府部门认知服务质量的重要手段，然而，定期对养老服务进行系统评估不仅耗费大量人力物力，还可能出现评估失误的情形，因此，政府部门要应用平台思维和 AI 技术，提升合规监督评估效能。一方面，可以将独居老人对养老服务的评价与反馈存储于信息平台，进行数据分析，另一方面，适当应用智能逻辑设置，自动矫正评估指标，避免评估人员失误导致的结果误差，保证及时、准确地生成评估报告。需要注意的是，要明确政府、机构、评估方等服务供给主体对评估结果的使用权限，保护独居老人隐私和数据安全。

7.2 独居老人养老服务供给体系多元化重塑

我国的独居老人不仅数量众多，而且存在较大的地域差别，单靠政府、家庭、社区或养老机构等某一单方努力显然不足以支撑起完善的保障体系。依据社会支持理论的观点，个人所拥有的社会支持网络越强大，就能够越好地应对各种来自环境的挑战。福利多元主义理论也指出福利产品的供应可以来自多元主体，且来源越多越好。各国实践也表明，面对日益增加的养老压力，主张养老责任由多元主体来承担是目前行之有效的方法之一，政府、家庭、市场、自治组织以及社会力量都是多元主体的生力军。因此，在政府主导之外，构建多方参与、协同发力的独居老人养老服务多元供给体系，符合我国的基本情况，为解决当下独居老人养老问题提供了可靠路径。

7.2.1 回归家庭养老，引导家庭尽责

从社会发展与资源利用的角度来看，家庭养老具有高效率、高满意度的天然优势，家庭养老功能的恢复可以减轻政府以及社会在养老服务供给上的压力，在实现资源有效配置的同时，从根本上实现独居老人养老服务有效供给。随着传统的“孝道”观念式微，家庭的养老功能也逐渐弱化，放任其他主体代替其功能只会导致养老服务供给的失衡，因此，应该发动各方力量帮助家庭养老恢复原本功能。

一是从思想文化角度出发，重新定义尊老、爱老、养老等优秀传统文化，处理好继承和发扬的关系，营造良好的社会氛围。根据我国独居老人养老需求，创造性转化、创新性发展新时代孝德文化，对孝文化做出新的阐释，赋予其与时俱进的新内涵。思想转变并非一朝一夕之功，需要全社会长期的努力，营造关爱独居老人的良好社会风气。

二是从政策层面支持家庭养老供给。从现实情况看，独居老人家庭支持有限的原因除上文提到的主观原因外，还存在家庭成员无暇供给以及家庭无力供给的客观原因。通过政策支持鼓励家庭养老现实可行，可以通过“照护补贴”的方式为家庭供给提供经济补助，通过“照护假”的方式为家庭成员提供充裕时间，让“常回家看看”真正现实可行。同时，亦可通过为独居老人子女提供相关培训课程提高其照护的专业性，进而提高家庭养老的效率。

7.2.2 市场优化供应，鼓励社会参与

国内外的长期实践表明，政府部门和市场主体任何一方独立提供独居老人养老服务都会导致不可避免的结构性问题。改善独居老人养老服务的运作机制与供给体系，不仅要发挥政府这只“看得见的手”提供援助的作用，更应发挥市场这只“看不见的

手”优化供应的调节作用。将政府和市场机制结合起来，通过财政性资金的增量投入、优惠性政策的引导扶持、行政性措施的有效促进市场参与，调动社会团体、志愿组织和私人部门等各种组织的积极性，能够满足独居老人关系和发展类的高层次养老服务需求，进而在竞争环境中实现更优质高效的独居老人养老服务。

首先，要进一步优化养老服务市场的准入流程，积极公布审批程序和审核时限，加强服务指导。统筹协调各职能部门做好政策衔接，为民间养老服务供应提供政策支持和便利条件。同时，在建设和护理资金等方面加大对养老服务供应（民间）单位与个人的补助力度，在土地批准、税费减免等方面向农村养老设施倾斜，鼓励各类社会资本积极投资养老服务。

其次，要创新民间资本参与养老服务方式。进一步整合各种社会资源，坚持养老服务的产业化发展方向，尽快优化养老服务有关的产业投资政策，加大扶持力度，通过特许经营、租赁转让、公建民营、民办公助、委托经营等方式积极引进社会资本，探索企业“联合认领”制度，减轻财政负担，为更多的老人提供养老服务。明确政府与社会组织的权责关系，一方面应当扶持社会组织的独立化发展，另一方面积极转变观念，认识到政府并不是公共服务的唯一责任主体，给予社会组织有支持性的、相对宽松的、成长性的发展空间，营造良好的福利投资主体多元化的外部环境。一方面，政府可以和大型保险公司合作，开展“保险+养老社区业务”，在长期储备养老金的基础上，提供养老社区入住资格，满足多样化的养老保障需求。另一方面，鼓励房地产企业投资建设老年公寓等养老服务设施，既有助于节约财政资金，又有助于增加养老服务设施的供应从而缓解瓶颈制约。

最后，要优化政府购买养老服务方式。市场化的竞争机制有助于筛选出效率更高、服务更优的社会组织，故建议政府通过积极鼓励市场竞争以提高政府购买服务的财政资金的利用效率。完善招投标程序，鼓励多家社会组织参与竞争，营造竞争氛围，促进市场化建设。同时，采取更有针对性的扶持策略，对部分特殊群体例如独居老人与失能老人实行差异化帮扶，综合考量经济条件、生活自理能力、居住方式等情况，制定有弹性的梯度补贴机制，扩大政策覆盖面。

7.2.3 发挥社区作用，依托社区嵌入

随着社区养老服务的发展，基于项目进行养老服务供给成为城镇独居老人社区养老服务供给的主要形式。以社区为工作平台，以社会工作者为支撑，以社会组织为载体，形成“三社联动”格局和以需求为导向的项目化管理模式，深入推进政府购买社会公益服务，支持社会组织为社区治理贡献力量，能够提高城镇独居老人社区养老服务的专业性和竞争性，从而提高社区综合养老服务质量。

社区要想发挥好为独居老人提供养老服务的作用，首先要利用好社区网格，整合信息资源。一是要强化排查，掌握辖区内独居老人数量、家庭结构、经济资源、健康情况和照顾状态等基本信息，重点关注经济困难家庭的失能、高龄独居老人，利用互联网优势，建立信息互通系统，强化信息共享，实行动态管理，完善独居老人信息档案。二是要成为独居老人与养老服务供给方之间的信息桥梁，一方面，社区作为养老服务供给主体，直接与独居老人产生联系，能够直观了解到独居老人的养老服务需求，为社区提供养老服务奠定了良好的基础；另一方面，作为掌握一手信息的主体，社区能够获得其他养老服务主体难以获得的信息资源，为了提高资源利用效率，社区应当有选择地将独居老人养老服务需求与其他养老服务供给方共享，根据独居老人养老服务需求选择合适的项目。

其次，要强化定期探访帮扶，安排专门工作人员通过电话访

问、上门看望等方式，及时掌握独居老人的生活状况、家庭照护情况等，了解他们的需求与诉求，督促子女、近亲属等做好看护照顾等工作。对风险等级高或子女亲属拒不履行赡养义务的独居老人及时进行干预，实施帮扶救助。

同时，要满足独居老人的精神需求。一是要面向独居老人开展多样化的文化和娱乐活动，丰富他们的精神世界；二是要培育积极健康的老年人活动组织，不断丰富独居老人的精神文化生活，重塑独居老人的团体归属感和社会责任感；三是要针对独居老人定期组织聚会交流，扩大独居老人交际范围，增加交际频次，减轻独居老人的孤寂感；四是要配备专职心理咨询师或社会工作师，为独居老人提供专门的精神慰藉服务。

最后，要配齐配强社区养老工作队伍。依托基层党组织、群众自治组织和社会团体，对社区内外资源进行分析梳理，充分挖掘相关岗位，动员社区居民主动开展养老互助，组织各方资源和力量的参与，定期邀请护理人员、医生等专业群体开展实用培训，充实社区养老服务队伍，扩大养老服务覆盖面，增强服务的专业性、针对性。

7.3　独居老人养老服务供需匹配

7.3.1　精准识别独居老人养老服务需求

根据前文对独居老人养老服务需求的分析，不同类型的独居老人对养老服务依赖程度有所区别，同一老人在不同层次上的需求强度也并不相同。因此，要实现独居老人养老服务的有效供给，首先要精准识别需求，统一需求评估标准，充分收集独居老人的个人和家庭信息及其养老服务需求，以保障独居老人养老服务供给的科学、合理、有效性。为有效解决当前养老需求调查不足以及老人需求表达障碍的问题，必须重构服务使用者与服务供给者间的对话机制。

一方面，要建立独居老人信息数据库，在政府独居老人信息管理平台、社区养老服务信息平台和医疗卫生部门老人健康档案的基础上，集中独居老人养老服务的供需信息，利用数据库及时把握、动态识别独居老人的个性需求，及时识别独居老人养老服务需求变化，如疾病跟踪、慢性病管理等。要加快推进独居老人需求数据采集工作，主动联系独居老人家庭，加强与独居老人子女的沟通、协作，实现独居老人养老服务的主动供给。在数据分析工作中，应注意细化养老服务需求，增强采集、分析及应用数据的能力，进行分类需求预测和安全风险预警，为政府提供决策咨询报告，为养老服务机构等市场主体提供指导，为家庭照护提供参考。

另一方面，要从思想观念出发，更新独居老人及其家人的养老观念，帮助社会大众建立对养老服务的正确、全面认知，尤其是主动提供需求建议的自觉性培养。具体而言，可以加强对独居老人的线下宣传，通过上门走访、线上咨询等方式，鼓励独居老人及其家人积极配合社区的信息采集工作，以推动对老人养老服务需求的精准识别，从而为其提供精准的养老服务，促进供需精准对接。

此外，还需各地方、各部门打破数据壁垒，实现多方养老服务数据资源的对接、交换与共享。各级主管部门要在后台建立起养老服务数据交换、共享机制，优化老年人数据智能分析功能，形成各部门纵横交错的数据资源交换网络，精准分析独居老人养老服务需求，预判不同群体的需求走向，进而推动养老服务供给方提前做好准备，真正做到供给走在需求前。

7.3.2 完善独居老人养老服务供需匹配机制

我国独居老人养老服务供需难以匹配的原因一方面是由于实

践层面的独居老人与养老服务供给方信息不畅，另一方面则来自政策层面的效果偏差。

从养老服务实践发展角度来看，大数据、区块链等数字技术的蓬勃发展，为精准匹配独居老人养老服务供给与需求提供了机会。兴建养老服务信息化数字平台，能够为养老服务供给者精准识别需求、精准提供服务提供平台载体，是连接独居老人养老服务需求和服务供给的必然要求。针对目前我国养老服务平台建设的不足，应充分利用数字技术，推进智慧养老服务的覆盖率和可及性，提升数据融合分析能力，推动独居老人养老服务供给精准化发展。在需求分析方面，为养老服务供给主体精准区分不同老年群体，挖掘、预测老年人潜在需求提供新的视角和方式。在协同供给方面，帮助政府进行数据导向的资源分配，再造服务供给流程，协调服务生产、递送、评估等活动。基于此，促进养老服务精准供给首先应明确数字技术的优势，找准数字技术在独居老人养老服务供给中的定位，以数据资源为支撑，以技术应用为核心，以政策规划为指导，以人民满意为目的，创新智慧养老服务供给方式，助力独居老人群体获得智能化、个性化的养老服务体验。

在利用数据资源匹配养老服务供需的过程中，政府应发挥主导作用，鼓励和引导社区、养老机构、医院、家庭、企业、社会组织等多元主体通过平台互通，增强主体间的对话与合作，整合、共享各主体的资源分布利用和闲置情况等信息，实现养老服务人、财、物等资源的充分整合和最优配置。为破除街道、社区之间的共享壁垒、分配不均等问题，各街道、社区之间应主动加强信息交流，促进养老服务资源跨区域联合共享。对于专业技术人才和服务人才，可以在各辖区范围内实行跨社区调动，以充分利用有限的人力资源。整合优化各类相关主体拥有的差异化资源配置，是实现养老服务供需精准匹配落到实地的关键。

除服务供需不匹配之外，由于相关政策供需双方立场不同、理解不同导致的政策效果偏差，也直接影响到养老服务的供需匹配程度。因此，要重视需求侧对于养老服务产业政策实施效果的影响。在制定政策过程中，除运用理论提高政策的科学性之外，还应确立需求导向的决策原则，有针对性地解决养老服务产业转型过程中的痛点问题，制定符合实际需求的政策。同时，要建立政策反馈机制，搭建政策制定者与政策受众的沟通桥梁。考虑到政策主体的多样性，要以不同形式和不同程度的宣传匹配不同的受众群体，使政策受众真正了解养老政策，了解养老服务产业，提高政策受众对于政策的认可程度以及数字化养老的接受程度，提高感知价值。此外，还需通过搭建沟通平台，建立服务制度，畅通服务需求表达渠道，提高养老服务接收方的表达意识。提高居民在养老服务供给决策中的参与度，完善民主决议制度，让独居老人的养老服务需求真正体现在最终呈现的服务供给政策当中。

在完善政策体系，构建数据平台的基础上，还需要持续追踪独居老人养老服务需求的变化，实时监测养老服务资源与独居老人需求的匹配状态。这就要求独居老人养老服务需求需要实时更新，由于要求独居老人自己实时更新需求的可操作性较弱，可以设置相关指标自动识别，例如，将独居老人病例联动至供需匹配平台，根据独居老人的看病需求变化自动识别新的养老服务需求。同时，还需要增加养老服务质量实时评价以及养老服务质量评估数据可视化的功能，为独居老人的养老服务选择提供更为精准的参考，为养老服务提供方实时调整服务策略与方式提供依据。

7.3.3 提升独居老人养老服务供给水平

养老服务提供方要聚焦独居老人就医、出行、文娱、学习等日常需求，以数据和技术为支撑，创新产品设计，打造优质、安全的智慧养老产品。为此，政府需要对养老服务产业与科技产业发展进行统筹规划，鼓励数字技术与养老服务的跨界融合应用，促进智慧科技企业与养老服务主体的对接，积极主动服务产业交叉，丰富养老服务内容，发挥智慧养老的功能和优势。企业与养老服务提供方则要加快相关技术的开发与应用，根据智慧养老平台提供的独居老人养老服务需求分析，提供更丰富、更为人性化的智慧养老服务。为实现独居老人养老服务供需更好匹配，养老服务供给方还需要不断提升自身的服务供给水平，以随时适应独居老人养老服务需求的变化。

从宏观角度来看，养老服务提供方要提高对独居老人群体需求变化的适应能力，根据独居老人养老服务需求现状，适时调整各类养老服务项目供给比例和相应资源分配方式。随着独居老人数量的增加和群体文化水平的提升，独居老人对于精神慰藉、自我价值实现等方面的养老服务需求需要得到更好的回应。因此，养老服务提供方应更加聚焦这些方面，研发新产品，满足新需求，积极回应独居老人在精神层面的需求，实现服务品质提升和服务形式创新。

从微观角度来看，要在独居老人养老服务项目和内容供给上细分养老服务需求，丰富养老服务种类，突出养老服务特色。在为大多数老年人提供共性、基础养老服务的同时，更要考虑到独居老人群体的特殊养老需求，以及独居老人的不同情况引发的多样化需求。要基于老年人的能力评估及服务需求评估，对独居老人进行精准画像，构建多维、动态数据库和差异化产品服务清单，根据个性化服务需求实现智能化产品与服务匹配和主动推送，分层分类提供个性化、针对性的养老服务。

此外，还需要建立有效供给评估机制，设置多方参与的评估体系，构建科学的养老服务有效供给评价体系与评价指标，保证评价结果的有效性，引导服务资源合理配置。将评估结果作为工作考评指标，激励优质的服务供给方参与到独居老人养老服务供给评估体系当中，同时督促各服务供给方提高服务供给质量，减少无效供给。

7.4 独居老人养老服务保障完善

7.4.1 扩充养老服务人才队伍

人才培养在任何行业都具有基础性和战略性地位，专业人才队伍的数量和素质极大程度决定了独居老人养老服务的质量。因此，要构建有效供给的独居老人养老服务体系，完善人才队伍建设必不可少。

要扩充养老服务人才队伍，最根本的是要提升养老服务行业的社会地位，通过政策鼓励、社会呼吁等方式壮大养老服务人才队伍数量，让养老服务行业摆脱“脏活累活”的刻板印象。同时，提高养老服务行业薪资待遇，增加资金投入，加大政府购买力度，进而转化为人才薪资，也是扩充人才队伍的重要保障。

在人才队伍的直接扩充上，有两种主要形式可以参考。第一种是借鉴国外经验，吸收志愿者的重要力量。一是整合和利用现有的街道、社区人力资源，大力发展社区志愿者队伍；二是与志愿者组织、高等院校、企事业单位等主体合作，发展由党员、干部、学生、技术人员等不同行业人员组成的专职、兼职人员和志愿者相结合的养老服务队伍；三是鼓励能够自理的老人加入志愿者队伍，在服务其他独居老人的同时发挥自身潜能和余热，重寻社会价值。第二种是引入专业的社会工作者，建立起由社会工作者指导的志愿者队伍，充分发挥社会工作专业的专业特性和督导作用，提高志愿者的整体服务水平。一是通过公开招考、招聘和定向培养吸收一批学历较高的年轻社会工作专业学生到社区工作。二是通过政府购买，利用财政资金，采取市场化、契约化方式，面向具有专业资质的社会组织和企事业单位购买社会工作服务，促使社会工作者到基层社区工作。

7.4.2 提升养老服务人才专业水平

在保障数量的同时，还应注重高水平养老服务人才培养。独居老人养老服务人才专业水平直接影响到老人的生活保障与服务满意度，随着独居老人对护理需求的不断提升，我国现有的服务人才专业水平已经难以满足广大独居老人养老需求，服务人才专业水平亟待提升。

首先，需要完善针对养老服务人员管理的法律法规，规范和约束社区养老服务工作人员的行为，严格行业准入制度，对上岗资格进行明确规定，出台管理细则，以便主管部门有法可依。

其次，需要完善现行教育培训体系。当前，我国对于养老服务人员的培训主要通过技能培训来实现，但是，技能培训只能教授护理常识和基本服务方法，缺少专业的综合理论学习，因此导致护理人员专业知识水平低、文化程度低等情况普遍存在。因此，建议完善现行的教育培训体系，特别是对一些没有医护背景的社会组织要进行有针对性的专业培训。为使得这种培训结果更为直观，需要制定相应的量化服务标准与更为具体的、可操作性强的评估细则。此外，鼓励有条件的高校开设养老服务管理专业，通过设立人口学、老年学、护理学、老年产品开发等专业与课程，培养一批具有专业技能的高水平人才，为养老服务长期可持续发展夯实基础。

最后，养老服务提供方应积极构建服务人员的奖惩激励机制。目前，对于养老服务提供方的服务质量监督主要来源于政府，但是定向委托购买倾向与长期合作倾向明显，供应方内部并未形成很好的监督体系，服务绩效不与政府购买所下拨的资金以及社会购买量挂钩。因此，养老服务提供方内部应形成系统化、量化的奖惩机制，对养老服务人员的工作效果进行有效评估，激励养老服务人员不断提升服务质量与专业水平。

7.4.3 创新养老服务技术领域应用

智慧养老是对传统家庭养老、社区养老与机构养老的补充和拓展，在养老理念、服务项目、服务形式等方面具有独特优势，能够加快推进独居老人养老服务的精准供给。一方面，智慧养老可以成为家庭养老的助力，使独居老人在相对熟悉的生活环境中享受到更安全、高效、便捷、专业、丰富的养老服务。另一方面，智慧养老注重互联网、大数据、区块链等数字技术在养老服务领域的融合应用，提高养老服务供给的敏感性和精准性，能够满足个性化养老需求。近年来，随着互联网技术的不断升级，“互联网+”发展模式逐渐成熟，为智慧养老产业发展提供了发展基础与技术保障。

一是要为智慧养老服务产业提供更健康的发展环境。一方面，积极推进以企业为主体，产学研相结合的养老服务信息技术的智能创新体系。鼓励和激发更多的企事业单位、高等院校和科研机构投入智慧养老服务技术发展，推进整合产业链，形成全产业链一体化由前端设计到终端市场的新体系。另一方面，完善相关政策保障机制。支持具有自主知识产权的产品开发，加大知识产权保护力度，鼓励企业努力突破养老产品的关键技术的薄弱环节。重点引导、组织实施技术标准建设，引领高端产业链扩展。政府还可以通过购买服务发挥财政的杠杆作用，扶持重点企业，优化智慧养老服务产业结构，营造良好的发展环境。

二是要提升智慧养老服务的可操作性与可实现性。一方面，要积极引导独居老人熟悉智慧化产品的使用，定期、高频采取社区开班教学或社工、志愿者入户辅导的方式，帮助老人掌握基础的智能产品操作，提升独居老人对智能产品的认知水平和使用技能，从而助力独居老人积极、主动地接受，并更好地使用智慧养老服务或产品。另一方面，在产品设计时就要考虑到老年人对智慧类养老服务的接受程度和学习能力，跨越数字鸿沟，推出适老化智慧服务。

三是要重点关注智慧养老服务带来的数据安全问题和运营保障能力需求。信息安全问题不容忽视，要按照严格的保密要求进行具体部署。同时，针对多业务交互和登录端口，还需考虑交互的便捷性和适老化水平，统筹进行系统设计和功能研发。

7.4.4 加大对养老服务的宣传力度

目前，我国正在积极构建多元化的养老模式，社区与市场都是重要的养老服务供给主体，独居老人及其家人对养老服务的认知不够全面、科学，是推动我国养老服务多元化，构建独居老人养老服务有效供给机制的瓶颈之一。为此，需要加大宣传力度，增进独居老人对养老服务多元化的认知。一是要发挥舆论工具的重要作用，如新闻、广播、报纸、讲座、海报等方式，开展具有针对性和多样性的宣传活动；二是要树立典型示范的模范带头作用，积极树立并宣传独居老人养老服务典型案例；三是要坚持有效供给原则，注重用共同需求、共同利益调动独居老人对社区养老服务和购买养老服务的积极性，把解决各类独居老人的实际需要放在首位，把独居老人普遍关心的热点、难点问题作为重点，从而调动独居老人参与的积极性。

参考文献

[1] SHIH Y C. Living alone and subsequent living arrangement transitions among older Americans[D]. Boston:University of Massachusetts Boston,2016.

[2] GAYMU J,DELBÈS C,SPRINGER S,et al. Determinants of the living arrangements of older people in Europe[J]. European journal of population,2006,22(3):241-262.

[3] DAVIGLUS M L,PLASSMAN B L,PIRZADA A,et al. Risk factors and preventive interventions for Alzheimer disease:state of the science[J]. Archives of neurology,2011,68(9):1185-1190.

[4] 尹星星,周榕. 社会经济地位、代际支持行为与老年健康贫困:基于五地 2113 名城市独居老人的实证分析[J]. 人口与发展,2021,27(5):46-57.

[5] 李桐瑶,邴婧莹,李熹,等. 我国独居老人自评健康状况及其影响因素研究[J]. 现代预防医学,2021,48(11):2027-2031.

[6] 陈瑜. 上海市独居与非独居老人健康状况、社会支持与生活质量比较[J]. 中国老年学杂志,2017,37(24):6211-6214.

[7] 杨晓龙,李彦. 我国东中西部独居老人经济状况比较分析:以济南、郑州、兰州为例[J]. 兰州大学学报(社会科学版),2017,45(5):113-119.

[8] HELENE HEM M,HEGGEN K,RUYTER K W. Creating trust in an acute psychiatric ward[J]. Nursing ethics,2008,15(6):777-788.

[9] MOLARIUS A,BERGLUND K,ERIKSSON C,et al. Mental health symptoms in relation to socio-economic conditions and lifestyle factors-a population-based study in Sweden[J]. BMC public health, 2009,9(1):1-9.

[10] HAEWON BYEON. Relationship between physical activity level and depression of elderly people living alone[J]. International journal of environmental research and public health,2019,16(20):4051.

[11] PAGANINI-HILL A, HENDERSON V W. Estrogen deficiency and risk of Alzheimer's disease in women[J]. American journal of epidemiology,1994,140(3):256-261.

[12] 徐海波,黄水平,刘欣,等. 独居老人抑郁状况与社会支持影响[J]. 中国老年学杂志,2015,35(5):1383-1384.

[13] 王兵,杨逸彤,曹宜璠. 上海市社区独居老人的心理健康状况[J]. 中国老年学杂志,2019,39(8):1987-1989.

[14] 高修银,胡俊,肖伟伟,等. 徐州市农村老年人心理健康影响因素[J]. 中国老年学杂志,2014,34(15):4300-4302.

[15] 黄乐萍,方贻儒,汪作为,等. 上海某社区独居老人抑郁状况及其影响因素调查[J]. 第二军医大学学报,2014,35(12):1363-1367.

[16] 荀雪琴,易景娜,刘清,等. 护士主导全科团队服务对高龄独居老人心理干预的效果评价[J]. 中华护理杂志,2011,46(9):860-862.

[17] 赵春善,许敏. 人生回忆疗法对朝鲜族独居老人抑郁情绪的连续效果评价[J]. 中国老年学杂志,2016,36(8):1992-1994.

[18] 关文君. 独居老人孤寂排解的社工介入实践[D]. 长春:长春工业大学,2013.

[19] 刘彦喆,王晶. 性别视角下的农村丧偶独居老人生存状态研

究:以吉林省东丰县某村为例[J].南京人口管理干部学院学报,2011,27(2):30-34,49.
[20] 高修银,胡俊,陆召军,等.徐州市城乡独居老人心理健康状况比较[J].中国老年学杂志,2014,34(20):5841-5843.
[21] 李强,徐刚,张震.城市高龄独居老人的孤独感及其影响因素研究[J].华东师范大学学报(哲学社会科学版),2019,51(3):160-171,177.
[22] 唐莉,程红梅,雷彬,等.不同养老模式下老年人社会支持现状[J].中国老年学杂志,2020,40(6):1328-1331.
[23] 陈习琼,林登凯.云南省曲靖市麒麟区高龄独居老人的社会支持[J].中国老年学杂志,2017,37(4):991-993.
[24] 吕如敏,林明鲜,刘永策,等.城市独居老年人赡养与代际支持研究[J].兰州大学学报(社会科学版),2016,44(1):128-133.
[25] 庄云.城市独居老人的社会支持研究[D].济南:山东大学,2014.
[26] 杜海霞,刘冰.城乡社区独居老人社会支持情况及养老服务探讨[J].中国全科医学,2015,18(10):1188-1191.
[27] 徐海波,黄水平,刘欣,等.独居老人抑郁状况与社会支持影响[J].中国老年学杂志,2015,35(5):1383-1384.
[28] WEINSTEIN S M,MERMELSTEIN R J,HANKIN B L,et al. Longitudinal patterns of daily affect and global mood during adolescence[J]. Journal of research on adolescence,2007,17(3):587-600.
[29] IZAWA S,KUZUYA M,OKADA K,et al. The nutritional status of frail elderly with care needs according to the mini-nutritional assessment[J]. Clinical nutrition,2006,25(6):962-967.
[30] 穆光宗.家庭养老面临的挑战以及社会对策问题[J].中州学

刊,1999(1):64-67.
[31] 郭竞成.居家养老研究:来自浙江的调查与思考[M].北京:中国社会科学出版社,2016.
[32] 文婉聪.独居老人所急需的社会服务:以南京市独居老人为例[J].公共管理高层论坛,2005(2):98-109.
[33] 祁悦.中国农村社区养老服务供给与需求研究[D].南京:南京大学,2017.
[34] 张琳.农村独居老人生活状况分析及其对策:以河北省 B 市某村为例[J].法制与社会,2014(25):173-174.
[35] 谭英花,于洪帅,史健勇.中国城市独居老人精神慰藉缺失[J].中国老年学杂志,2015,35(23):6959-6961.
[36] THOMPSON E E, KRAUSE N. Living alone and neighborhood characteristics as predictors of social support in late life[J]. The journals of gerontology series B: psychological sciences and social sciences, 1998, 53(6): S354-S364.
[37] LEE M R. A study on the effect of the lonely death prevention project on the elderly living alone[J]. The international journal of elderly welfare promotion and management, 2018, 2(2): 19-24.
[38] 张琦.中国独居老人养老问题研究[D].大连:东北财经大学,2018.
[39] 戴建兵,李琦.城市中高龄独居老人自理能力与社区养老服务依赖性分析[J].社会保障研究,2017(4):36-44.
[40] 王琼.城市社区居家养老服务需求及其影响因素:基于全国性的城市老年人口调查数据[J].人口研究,2016,40(1):98-112.
[41] HAAK M, FÄNGE A, IWARESSON S, et al. Home as a signification of independence and autonomy: experiences among very old

Swedish people[J]. Scandinavian journal of occupational therapy, 2007,14(1):16-24.

[42] 熊茜,钱勤燕,王华丽. 社区养老服务体系的构建:基于居家老人需求状况的分析[J]. 山东大学学报(哲学社会科学版),2016(5):60-68.

[43] 吴婉华. 独居老人的多层次养老保障体系建设:基于生态系统理论的分析[J]. 长沙民政职业技术学院学报,2020,27(1):37-40.

[44] ROSE R. Common goals but different roles: the state's contribution to the welfare mix[M]. Oxford:Oxford University Press,1986.

[45] JOHNSON N. The welfare state in transition:the theory and practice of welfare pluralism[M]. Brighton:Wheatsheaf,1987.

[46] 朱婷婷. 社会经济学视角下养老服务供给路径研究[D]. 南京:南京大学,2012.

[47] 萨拉蒙. 政府工具:新治理指南[M]. 肖娜,等译. 北京:北京大学出版社,2016.

[48] BEI S. Research on China's pension fund and ESG investment under the background of aging and epidemic situation [J]. Advances in applied mathematics,2022(11). 4829-4836.

[49] 奥斯本,盖布勒. 改革政府:企业家精神如何改革着公共部门[M]. 周敦仁,等译. 上海:上海译文出版社,2006.

[50] FU H R. Problems and countermeasures of government purchasing services for the aged[J]. Frontiers in economics and management,2020,1(9):126-133.

[51] 张应良,徐亚东. 农村公共服务供给与居民主观幸福感[J]. 农林经济管理学报,2020,19(1):98-108.

[52] 周学馨,孙婷. 供需协调视角下"五位一体"失独家庭养老服务政策体系研究[J]. 探索,2018(1):160-165,2.

[53] 辜胜阻,方浪,曹冬梅.发展养老服务业应对人口老龄化的战略思考[J].经济纵横,2015(9):1-7.

[54] 夏志强,王建军.论社区公共服务的有效供给[J].社会科学研究,2012(2):44-47.

[55] 王思斌.我国社会政策的弱势性及其转变[J].学海,2006(6):25-30.

[56] 奥山正司,马骏.日本独居老人的增加及老年人的社会经济生活:从家族形态变化和收入结构观察[J].社会保障研究(北京),2016,24(2):42-54.

[57] 王跃生.三代直系家庭最新变动分析:以2010年中国人口普查数据为基础[J].人口研究,2014,38(1):51-62.

[58] 王磊.中国独居老年人及其养老问题分析:基于2000、2010年全国人口普查汇总数据的初步考察[J].老龄科学研究,2017,5(7):32-41.

[59] 易子涵,李茜,张海茹,等.农村独居老年人老年自我忽视的现状及影响因素分析[J].护理学报,2021,28(18):7-11.

[60] 穆怀中.家庭子女养老与个人养老“互补替代”效应:理论与实证[J].人口研究,2022,46(1):82-96.

[61] 桂世勋.应对老龄化的养老服务政策需要理性思考[J].华东师范大学学报(哲学社会科学版),2017,49(4):78-84,163.

[62] 汪泳,陈立行.基于供给侧视角的长春市社区居家养老服务研究[J].知识经济,2017(10):35,37.

[63] 胡宏伟,蒋浩琛.我国基本养老服务的概念阐析与政策意涵[J].社会政策研究,2021(4):16-34.

[64] 丁志宏,曲嘉瑶.中国社区居家养老服务均等化研究:基于有照料需求老年人的分析[J].人口学刊,2019,41(2):87-99.

[65] 胡金荣,刘堂发.微观经济学:第2版[M].北京:人民邮电出版社,2015.

［66］袁秋菊，高慧. 组织行为学［M］. 重庆：重庆大学出版社，2018.
［67］张思锋. 中国养老服务体系建设中的政府行为与市场机制［J］. 社会保障评论，2021，5(1)：129-145.
［68］崔建华. 我国现阶段有效供给不足的表现、成因及治理对策［J］. 经济体制改革，2002(3)：19-23.
［69］郑杭生等. 转型中的中国社会和中国社会的转型［M］. 北京：首都师范大学出版社，1996.
［70］李强. 社会支持与个体心理健康［J］. 天津社会科学，1998(1)：66-69.
［71］丘海雄，陈健民，任焰. 社会支持结构的转变：从一元到多元［J］. 社会学研究，1998(4)：33-39.
［72］陈成文，潘泽泉. 论社会支持的社会学意义［J］. 湖南师范大学社会科学学报，2000(6)：25-31.
［73］贺寨平. 国外社会支持网研究综述［J］. 国外社会科学，2001(1)：76-82.
［74］劳家仁. ERG 理论视角下高校辅导员职业幸福感研究［J］. 职业技术教育，2021，42(23)：54-57.
［75］CARSTENSEN L L. Evidence for a life-span theory of socioemotional selectivity［J］. Current directionsin psychological science，1995，4(5)，151-156.
［76］郭竞成. 农村居家养老服务的需求强度与需求弹性：基于浙江农村老年人问卷调查的研究［J］. 社会保障研究，2012(1)：47-57.
［77］徐杰，刘云瑞，徐烨，等. 宁波市镇海区独居老年人社会参与的困境［J］. 中国老年学杂志，2016，36(23)：6013-6014.
［78］郑娟，许建强，卓朗，等. 健康状况对老年人居家养老服务需求影响［J］. 中国公共卫生，2020，36(4)：545-548.
［79］王琼. 城市社区居家养老服务需求及其影响因素：基于全国性

的城市老年人口调查数据[J]. 人口研究,2016,40(1):98-112.

[80] 谷琳,乔晓春. 我国老年人健康自评影响因素分析[J]. 人口学刊,2006(6):25-29.

[81] 刘爱玉,杨善华. 社会变迁过程中的老年人家庭支持研究[J]. 北京大学学报(哲学社会科学版),2000(3):59-70.

[82] 陈超. 美国老年人长期照护法律体系及其对我国的启示[J]. 浙江树人大学学报(人文社会科学版),2007(2):68-72.

[83] 宋静. 东西方代际文化差异下养老模式特点及启示[J]. 价值工程,2019,38(22):291-293.

[84] 李明,曹海军. 老龄化背景下国外时间银行的发展及其对我国互助养老的启示[J]. 国外社会科学,2019(1):12-19.

[85] WHITHAM M M,CLARKE H. Getting is giving:time banking as formalized generalized exchange[J]. Sociology compass,2016,10(1):87-97.

[86] 蔡婷婷,曹梅娟. 国内外时间银行下的互助养老模式研究现状[J]. 护理学杂志,2016,31(10):111-113.

[87] 任素娟,张奇. 中美互助养老“时间银行”模式对比研究[J]. 医学与哲学,2020,41(1):50-53.

[88] BOYLE D,BIRD S. Give and take:how timebanking is transforming healthcare[M]. Stroud:Timebanking,2014.

[89] 陈功,王笑寒. 我国“时间银行”互助养老模式运行中的问题及对策研究[J]. 理论学刊,2020(6):132-140.

[90] 许永俏. 日本时间银行建设及其对中国养老服务事业的启示[J]. 经济研究导刊,2021(2):37-40.

[91] ACHE P,FEDROWITZ M. The development of co-housing initiatives in Germany[J]. Built environment,2012,38(3):395-412.

[92] 彭伊依,周素红,文萍. 德国多代互助社区养老模式及其启示

[J]. 上海城市规划,2021,(3):103-108.

[93] 金华宝. 发达国家互助养老的典型模式与经验借鉴[J]. 山东社会科学,2019(2):52-58.

[94] 乔琦,蔡永洁. 非血缘关系的多代居:德国新型社会互助养老模式案例及启示[J]. 建筑学报,2014(2):17-21.

[95] 曹有顺,胡澎. 日本新型互助养老及其对中国的启示[J]. 日本问题研究,2023,37(1):71-80.

[96] 张彩华,熊春文. 美国农村社区互助养老"村庄"模式的发展及启示[J]. 探索,2015(6):132-137,149.

[97] SCHARLACH A, GRAHAM C, LEHNING A. The "Village" model: a consumer-driven approach for aging in place[J]. The Gerontologist,2012,52(3):418-427.

[98] 陈竞. 邻里互助网络与当代日本社会的养老关怀[J]. 中南民族大学学报(人文社会科学版),2008(3):106-109.

[99] 王天鹏. 基于互助理念的北京近郊农村养老模式及其设施研究[D]. 北京:北方工业大学,2022.

[100] 詹卉. 养老服务供给体系中的政府作用:美国的分析与镜鉴[J]. 经济资料译丛,2022(4):14-24.

[101] 苏炜杰. 日本居家养老服务政府责任:立法保障、运行逻辑与经验启示[J]. 现代日本经济,2023,42(4):80-94.

[102] 马玉洁. 新加坡如何养老[J]. 中国社会工作,2017(11):46-47.

[103] 张也,郃峰,周雅,等. 美国 AARC 养老社区建设及对我国启示研究[J]. 山东体育科技,2023,45(2):73-78.

[104] 任素娟. 日本智慧养老发展经验及对我国的借鉴[J]. 未来与发展,2021,45(4):57-60,16.

[105] 华景斌. 美国养老地产发展及其运营模式研究[D]. 长春:吉林大学,2022.

[106] ZAREM J E. Today's continuing care retirement community (CCRC)[EB/OL].[2023-8-30]. https://www.yumpu.com/en/document/read/37506103/todays-continuing-care-retirement-community-ccrc.

[107] 杨亚楠,王星星. 日本非营利组织参与社区养老服务的经验与启示:基于东京都"白十字居家志愿者之会"的个案分析[J]. 社会保障研究,2021(6):65-72.

[108] 周丹丹,周弘,马路遥. 日本非营利组织参与社区居家养老对我国的启示[J]. 管理观察,2013(17):6-7.